Kapitän Holzhauer

Segel-Anleitung für die Mündungen der Jade, Weser und Elbe

Deutsche Küste der Nordsee (1878)

Kapitän Holzhauer

Segel-Anleitung für die Mündungen der Jade, Weser und Elbe

Deutsche Küste der Nordsee (1878)

ISBN/EAN: 9783954270620
Erscheinungsjahr: 2012
Erscheinungsort: Bremen, Deutschland

© *maritimepress in Europäischer Hochschulverlag GmbH & Co. KG, Fahrenheitstr. 1, 28359 Bremen. Alle Rechte beim Verlag und bei den jeweiligen Lizenzgebern.*

www.maritimepress.de | office@maritimepress.de

Bei diesem Titel handelt es sich um den Nachdruck eines historischen, lange vergriffenen Buches. Da elektronische Druckvorlagen für diese Titel nicht existieren, musste auf alte Vorlagen zurückgegriffen werden. Hieraus zwangsläufig resultierende Qualitätsverluste bitten wir zu entschuldigen.

Kapitän Holzhauer

Segel-Anleitung für die Mündungen der Jade, Weser und Elbe

Deutsche Küste der Nordsee (1878)

Segel-Anleitung

für die

Mündungen der Jade, Weser und Elbe.

Deutsche Küste der Nordsee.

Zusammengestellt

von

Kapt.-Lieut. Holzhauer

auf Grund der Vermessungen in den Jahren 1876 und 1877.

(Beilage zu den Annalen der Hydrographie und Maritimen Meteorologie.)

Berlin, 1878.
Ernst Siegfried Mittler & Sohn
Königliche Hofbuchhandlung und Buchdruckerei.
Kochstrasse 69. 70.

Einleitung.

Für die Ansteuerung der Jade, Weser und Elbe eignen sich durch ihre Lage ganz besonders die Inseln Helgoland und Wangeroog.

Beide Inseln bilden vorzügliche Merkmale, da von Helgoland am Tage der hohe Felsen, auf Wangeroog der im Westende der Insel befindliche alte Kirchthurm weit sichtbar sind.

Nachts brennen auf beiden Inseln sehr gute Feuer. Bei nebeligem Wetter werden auf Helgoland bereits Nebelsignale abgegeben, und wird auf Wangeroog demnächst ebenfalls eine Nebelsignalstation errichtet.

LOOTSEN. Die Lootsenfahrzeuge für die Jade und Weser halten ihre Station meistens zwischen Helgoland und Wangeroog; die Weser-Lootsen sind jedoch auch westlich dieser Linie zu finden und werden bei östlichem Winde mitunter schon im Englischen Kanal, sowie bei südlichem Winde nördlich von Helgoland angetroffen.

Die Elb-Lootsen kreuzen meistens in Sicht und in der Nähe von Helgoland und gehen nur ausnahmsweise bei östlichem Winde bis Borkum-Riff.

Sämmtliche Lootsenfahrzeuge haben Schonertakelage und führen die Vorstenge unten. Sie unterscheiden sich von einander durch die am Topp der Grossstenge befindliche Flagge. Ausserdem sind die Elb-Lootsenschoner weiss gestrichen, während die Lootsenfahrzeuge für Jade und Weser einen schwarzen Anstrich haben.

STROM. Zwischen Helgoland und der Deutschen Küste setzt die Fluth nach ESE, die Ebbe nach WNW, und erst in der Nähe des Landes, der Flussmündungen und der zwischen den letzteren liegenden Gründen folgt die Strömung mehr den tieferen Rinnen; hier nimmt dann auch ihre Geschwindigkeit zu. Bei Borkum-Riff Feuerschiff erreicht der Fluth- und Ebbstrom nur eine Stärke von 1—1,5 Sm, dagegen bei Feuerschiff „Weser" schon 1,5—2 Sm pro h. Zwischen Spikeroog und Wangeroog, 2 Sm seewärts vor der Harle, setzt die Strömung die ersten zwei Stunden jeder Gezeit direkt nach Süden resp. nach Norden, nimmt dann allmählich ihre Richtung mehr längs der Küste, so dass sie die letzten drei Stunden wieder, wie weiter seewärts, nach ESE resp. WNW setzt.

Die Geschwindigkeit der Fluth- und Ebbströmung ist hier sehr verschieden, von 1,5—2,5 Sm, bei NW-Sturm erreicht sie mitunter 3 Sm pro h.

In der Richtung ESE setzt die Fluth nun weiter in die Jade hinein und nimmt hier allmählich eine mehr südlichere Richtung an, so dass sie beim Feuerschiff „Aussenjade" nach SSE in einer Stärke von 2,5—3 Sm pro h läuft.

In der neuen Weser setzt der Fluthstrom nach SE und erreicht hier bei nordwestlichem Winde leicht eine Geschwindigkeit von 3 Sm pro h.

Vor den Norder-Gründen bei der Wester Till-Tonne setzt die Fluth nach ESE ca. 2 Sm pro h, dagegen läuft sie westlich des Elb-Feuerschiffes No. 1 („Caspar"), Anfangs namentlich, stark nach südlicher Richtung auf die Wester Till-Tonne zu.

Auf den Norder-Gründen selber ist die Geschwindigkeit der Strömung sehr verschieden. In allen Einläufen setzt die Fluth in der Richtung der tiefen Rinnen und mit bedeutend mehr Fahrt, wie auf den dazwischen liegenden flachen Stellen.

Bei Elb-Feuerschiff No. 1 setzt die Fluth nach SE mit ca. 2—2,8 Sm pro h nach der Elbe hinein, erreicht hier jedoch bei nordwestlichem

Sturm und gleichzeitigem Mondwechsel zuweilen eine Geschwindigkeit von 3,6 Sm pro h.

Dasselbe, was von den Norder-Gründen gesagt ist, gilt auch für die Gewässer zwischen Elbe und Eider; hier folgt der Strom ebenfalls dem tiefen Bett der Falschen Tiefe und der beiden Piep's mit einer Geschwindigkeit von 2—2,5 Sm pro h, die sich im Norder-Piep und dem Russenloch (wo Norder- und Süder-Piep zusammenstossen) in Folge des schmalen Fahrwassers und der steil abfallenden Ufer bei nordwestlichem Winde bis zu 3,5—3,7 Sm pro h steigert.

Bei Eider-Feuerschiff setzt die Fluth nach ESE mit einer Geschwindigkeit bis zu 1,7 Sm pro h.

Die Geschwindigkeit der Strömung weiter im Innern der Reviere ist ganz verschieden, da dieselbe sehr vom Winde abhängig ist. Ebenso ist die Fluthhöhe, sowie die Dauer von Ebbe und Fluth lokalen und atmosphärischen Verhältnissen unterworfen, und sind die Angaben hierüber nebst den resp. Hafenzeiten in einer Tafel im Anhange zusammengestellt.

Wenn bei der Navigirung auf den obigen Flussrevieren der Strom von besonderer Bedeutung ist, so ist seiner unter Einsegelung an der betreffenden Stelle Erwähnung gethan.

Ansteuerung von Helgoland.

Bei klarem Wetter macht das Ansteuern der Insel Helgoland weder bei Tage noch bei Nacht irgend welche Schwierigkeit, da bei Tage der hohe Felsen selber, Nachts das weisse feste Feuer auf demselben mit 20 Sm Sichtweite leicht erkennbar ist.

Bei Nebel hingegen, oder diesigem, unsichtigem Wetter, wo man einzig und allein auf's Loth angewiesen ist, bietet das Ansteuern der Insel Helgoland, von Westen kommend, Schwierigkeiten, da hier das Loth wenig Anhalt giebt. Es können hier folgende Fälle stattfinden:

1. Die Tiefen nehmen vor Helgoland allmählich von 30m bis 37m zu, und der Grund bleibt Sand mit Schlick. Dicht unter Helgoland, sowie südwärts von Helgoland vergrössern sich die Tiefen bis auf 52m. Findet man also 50m und darüber, bei grobem Sand und Schlick mit Muscheln, so befindet man sich dicht unter Helgoland und thut am besten, sofort mehr südlich zu halten, um den südlich von der Insel liegenden Steinen zu entgehen.

2. Finden Schiffe, die bei nebeligem Wetter von Westen kommen, hingegen von 37m bis 41m Wasser Schlickgrund, und bald darauf eine Tiefe von 34m bis 32m mit blauem Sand, so sind sie NW von Helgoland. Lothet man sogar nur 28m bis 24m mit groben röthlichen Sand mit Muscheln und Steinen, so befindet man sich im Norden von Helgoland und hat Acht zu haben vor den Sellebrunnen- und Nathurnbrunnen-Untiefen. Die erstere derselben ist durch eine auf 13m Wasser liegende schwarze spitze Tonne in

$$54° \; 13{,}7' \; \text{N-Br}$$
$$7° \; 50{,}5' \; \text{O-Lg}$$

gekennzeichnet. Vor der Nathurnbrunnen-Untiefe warnt eine spitze Tonne, schwarz und weiss horizontal gestreift, mit einer Stange, welche den Namen „Nathurn" trägt; diese Tonne liegt in

$$54° \; 12{,}3' \; \text{N-Br}$$
$$7° \; 51{,}0' \; \text{O-Lg.}$$

HELGOLAND. Die Insel Helgoland ist von NW nach SO gestreckt 1 Sm lang, 0,4 Sm breit und zerfällt in ein Oberland, ein Unterland und die Sanddüne. Das Oberland, 50m hoch, besteht aus senkrecht über dem Meer sich erhebendem Sandsteinfels von braunrother Farbe. Es befindet sich darauf der weisse hohe Leuchtthurm, eine Bake, eine Nebelsignalstation, die Kirche mit einem spitzen Thurm und der grösste Theil der Wohnhäuser.

Auf dem Unterlande, einem flachen Vorlande, welches durch eine Treppe mit dem Oberland in Verbindung steht, ist nach der SO-Seite zu die Anlegestelle für Boote, eine Rettungsstation und ein Theil der Wohnhäuser.

Ost von der Insel Helgoland, durch einen 0,7 Sm breiten Meeresarm davon getrennt, liegt die Sanddüne, eine kleine niedrige Insel mit flach anlaufendem Strand. Auf der Sanddüne stehen drei Baken, die als Einsegelungsmarken dienen, und das Badehaus.

Von Helgoland nach der Sanddüne hinüber erstreckt sich eine 3—4 m unter Niedrigwasser liegende Untiefe, durch welche hier zwei Häfen gebildet werden, „der Nord- und Südhafen". Ausser der schon erwähnten Rettungs- und Nebelsignalstation befindet sich auf Helgoland Telegraphen- und Signalstation. Während der Sommermonate ist regelmässige Dampfschiffverbindung mit Hamburg und Bremerhaven.

Die ganze Insel Helgoland, sowie die Sanddüne sind mit einem Riff umgeben, welches sich von der Küste aus nach allen Richtungen zu erstreckt und nicht mehr wie 6 m Wassertiefe hat. Von der Nordspitze der Sanddüne erstreckt sich das Riff 3 Sm weit in nordnordwestlicher Richtung nach See zu; die letzten Ausläufer desselben sind die vorhergenannten Sellebrunnen- und Nathurnbrunnen-Untiefen. Im Osten der Sanddüne erstreckt sich das Riff, parallel der ersteren laufend, bis auf einen Abstand von ca. 0,5 Sm und umschliesst die Sanddüne vollständig mit einem Gürtel. Im Süden der Insel Helgoland fällt das Riff im Abstande von nahezu 1 Sm steil in Tiefen von 14 m ab und ist hier um so gefährlicher, als sich ganz dicht am tiefen Wasser einzelne Steine befinden, auf welchen nur 4,5 m und auf einem sogar nur 1,3 m Wasser stehen bleiben. Zur Kennzeichnung des letzteren Steines ist eine schwarze spitze Tonne dicht an der Westseite desselben verankert. Die Lage dieses Steines bezeichnen folgende Richtungslinien:

„Die mittlere Bake der Sanddüne in Linie mit der SW-Bake derselben" und „die Bullbake in Linie mit dem alten Leuchtthurm".[1])

Auf der Westseite ist Helgoland am steilsten und erstrecken sich dort die Untiefen, parallel der Küste laufend, bis zu 8 m Tiefe in einem Abstande von nur 0,3 Sm, sodann schroff in tiefes Wasser abfallend.

Im Osten von Helgoland liegt in ca. 3 Sm Entfernung die Loreley-Bank. Die flachste Stelle derselben mit 9 m Wasser befindet sich in der Richtung: „NW-Bake der Sanddüne in Linie mit dem Leuchtthurm".

Der Leuchtthurm steht auf dem Südende der Insel in:
54° 10′ 59,7″ N-Br
7° 52′ 59,9″ O-Lg.

Er ist 18,3 m hoch über dem Erdboden, massiv, rund, weiss mit schwarzer Kuppe und daneben gelegenen weissem Wärterhause, 1811 erbaut. In 67,4 m Höhe über Hochwasser brennt ein weisses festes Feuer von ca. 20 Sm Sichtweite, nach allen Richtungen sichtbar.

Die Bullbake ist auf dem südlichsten Ende der Felseninsel erbaut, 11,6 m über dem Erdboden hoch und hat als Toppzeichen ein mit der Spitze nach oben gerichtetes Dreieck.

Die Kirche steht mehr nach Osten zu und hat an ihrer Westseite einen spitzen Thurm; die geographische Lage derselben ist:
54° 11′ 7,1″ N-Br
7° 53′ 5,2″ O-Lg.

Die Nebelsignalstation befindet sich auf dem NW-Ende der Insel, 50 m über Hochwasser, NWzN ca. 0,5 Sm von dem Leuchtthurm entfernt. In Zwischenräumen von 15 min wird bei nebeligem oder dickem Wetter Schiessbaumwolle abgebrannt und ist die Wirkung ähnlich der eines Kanonenschusses.

Die drei Baken auf der Sanddüne haben, wie die Bullbake, Dreiecke als Toppzeichen.

Einsegelung. Zur Einsegelung in die beiden Häfen von Helgoland beachte man Folgendes:

Um in den Südhafen zu gelangen, bringe man die grösste Bake der Sanddüne (die Ostbake) westwärts eben frei von der SW-Bake und steure in dieser Richtung weiter. Man passirt die südlich von Helgoland liegende Steinboje dann auf 1 Kblg Abstand an St. B. Sobald die Bullbake westwärts frei von dem alten Leuchtthurm peilt, ist der Stein passirt. Diesen Kurs auf beide

---

[1]) Die Mauern des alten Leuchtthurms liegen 41,5 m SW vom neuen Leuchtthurm.

Baken verfolge man weiter, bis der Leuchtthurm NW peilt, steure dann Nord, längs der Sanddüne, und ankere, wenn das Loth 4m Wasser giebt, in der Richtung „Leuchtthurm—SW-Bake". Ist es beim Einsegeln Abend geworden, so muss man beim Steuern längs der Sanddüne das kleine rothe Hafenfeuer (auf der Mitte der Treppe 1873 errichtet) im Auge behalten. Dasselbe verschwindet, sobald man der Sanddüne zu nahe kommt.

In den Nordhafen gelangt man, wenn man Helgoland zunächst in SO bringt und sodann in dieser Peilung auf die Insel zusteuert. Sobald jetzt die grösste (östlichste) und die kleinste (nördlichste) Bake der Sanddüne in eins sind (die Peilung ist SO$\frac{1}{2}$S), steuert man auf diese beiden Baken zu, bis der Leuchtthurm und Kirche von Helgoland sich in Linie befinden, und ankere in ca. 8m Wasser.

Von Helgoland nach Jade und Weser.

Bei klarem Wetter. Hat man bei klarem Wetter mit nördlichem Winde Helgoland in Sicht und ist nach der Jade oder Weser bestimmt, so steure man direkt auf das Feuerschiff „Weser" zu, auf welchem Kurse man jedenfalls den alten Kirchthurm von Wangeroog zunächst in Sicht bekommt und mit Hülfe desselben das Feuerschiff „Weser" noch leichter auffindet.

Vom Feuerschiff aus sieht man sowohl die Glockenboje der Jade wie die Schlüsseltonnen der Weser.

Das Feuerschiff „Weser", im Jahre 1874 ausgelegt auf:
53° 54' N-Br
7° 49' O-Lg,

liegt 4 Sm NW von den Schlüsseltonnen und 3,7 Sm NzW von der Glockenboje auf 23m Wasser. Dasselbe ist dreimastig, roth angestrichen und führt in weissen Buchstaben den Namen „Weser" auf beiden Seiten, sowie am Bug und am Heck; in jedem Topp befindet sich eine rothe Kugel aus Flechtwerk. Das Feuerschiff zeigt Nachts drei weisse, feste, gleich hohe Feuer; die Flammen sind 11,9m über Wasser und ca. 8 Sm weit sichtbar. (Dieselben sind bei klarem Wetter jedoch schon bei 4m Augeshöhe auf 10,6 Sm gesehen worden.) Wenn das Schiff nicht auf seiner richtigen Station liegt, werden die Feuer nicht angezündet resp. die Korbkugeln, wenn angängig, herunter genommen; ausserdem wird an der Gaffel zur Warnung eine schwarze Flagge aufgeheisst. Ausser den drei Feuern führt das Schiff noch 1,9m über der Reling am Fockmast eine Ankerlaterne mit weissem Licht, damit man die Kompassrichtung, in welcher das Schiff liegt, erkennen kann. Bei nebeligem Wetter wird alle 2 min 5 Mal die Schiffsglocke angeschlagen und werden Kanonenschüsse abgefeuert.

Bei trübem Wetter. Hat man dagegen bei trübem Wetter Helgoland angelothet und ist nach der Jade oder Weser bestimmt, so steure man, wenn das Besteck West oder SW von Helgoland stand, etwa SSW auf das Feuerschiff „Weser" zu. Hier bewegt man sich zunächst in 39m Wasser auf dunkelblauem Schlickgrund, und nimmt diese Tiefe dann bis 34m ab, der Grund bleibt Schlick. Etwas weiter bei 32m Tiefe ist der Schlick mit feinem grauem Sand untermischt, und nahe am Feuerschiff „Weser" findet man 28m bis 24m Wasser, während der Schlick fortfällt und das Loth feinen grauen resp. braunen Sand mit und ohne Muscheln angiebt.

Auf diesem Kurse, von Helgoland nach Wangeroog resp. Feuerschiff „Weser" zu, hüte man sich, namentlich bei Fluth, den „Norder-Gründen" zu nahe zu kommen, da der Fluthstrom vornehmlich über die Einläufe stark nach SE setzt. Sobald weniger wie 18m gelothet werden, befindet man sich bereits in Gefahr bringender Nähe der Gründe.

Vorsichtshalber setze man von Helgoland aus den Kurs lieber ein wenig westlich vom Weser-Feuerschiff und steure alsdann, so wie man von 24m bis 20m Tiefe lothet, östlich. Wenn man sich auf dieser Tiefe hält, muss das Feuerschiff „Weser" in Sicht kommen.

NORDER-GRÜNDE. Die „Norder-Gründe" erstrecken sich seewärts zwischen Elbe und Weser bis an die Linie „Feuerschiff Weser — Elb-Feuerschiff No. 1" und ist ihre NW-Seite, um Schiffe vor allzugrosser Annäherung zu warnen, durch eine grosse Boje, die **Wester Till-Tonne**, gekennzeichnet. Diese ist eine hohe, spitze Bakentonne, mit drei übereinander stehenden, dichtgeflochtenen, schwarz angestrichenen Körben an einem 8 m hohen Mast. Der eigentliche Tonnenkörper, der sogenannte Kessel, ist jedoch roth angestrichen, aber so wenig über Wasser, dass er gegen die oberen über einander stehenden schwarzen Körbe verschwindet. Das Tonnengestell, welches sich über dem Tonnenkörper erhebt, ist aus Latten gefertigt und mit einem Blechband von 0,3 m Breite versehen, welches in weissen Buchstaben den Namen „Wester Till" trägt; dieses Tonnengestell hat dieselbe Länge, wie die drei sich darüber erhebenden Körbe zusammen. Die Wester Till-Tonne ist bei klarem Wetter ca. 8 Sm weit zu sehen, liegt auf 18 m Wasser, in:

$53°\ 58'$ N-Br
$8°\ 5{,}5'$ O-Lg.

Die Norder-Gründe sind deshalb der Schifffahrt so gefährlich, weil sich durch die flachen Stellen derselben tiefe Rinnen nach dem Watt zu erstrecken und die durch das Loth in diesen Rinnen gefundenen Wassertiefen leicht zu täuschen vermögen. In den Rinnen setzt die Strömung mit bedeutend grösserer Geschwindigkeit, wie auf den flacheren Stellen, und da alle schliesslich als Sack enden, so ist bei NW-Sturm jedes Segelschiff, welches hineingeräth, mindestens in einer höchst gefährlichen Position, und schon manches Wrack sieht man an und auf dem Knechtsand als trauriges Denkmal emporragen.

Auf den Norder-Gründen selber findet man fast durchschnittlich feinen, grauen Sand mit Sprenkeln.

Bei einigermassen ruhigem Wetter kennzeichnen sich flache Stellen unter 5 m Wasser sofort durch eine helle grüne Farbe, während das Wasser im Uebrigen bläulich grün aussieht, auch ferner dadurch, dass auf allen Uebergängen von flachem auf tiefes Wasser eine Stromkabbelung steht, welche der Brandung ähnlich sieht. Die letztere rührt von dem dort stärker laufenden, dem tiefen Bette jeder Rinne folgenden Strome her.

Bei Seegang markirt sich die Nordseite der Norder-Gründe durch hohe Brandung ziemlich deutlich, da der Grund hier plötzlich ganz steil abfällt; ebenso kennzeichnen sich die flachen Stellen bei Seegang durch die weit sichtbare hohe Brandung. Nach den neuesten Vermessungen dieser Gründe vom Jahre 1876 ergiebt sich, dass seewärts das Bild, wie es in den früheren Jahren gefunden war, sich wenig verändert hat, trotzdem durch den starken Strom eigentlich mehr Verschiebungen der Tiefen zu erwarten waren.

WANGEROOG. Wangeroog ist eine niedrige Insel von West nach Ost gestreckt, ca. 4 Sm lang und an ihrer breitesten Stelle 0,5 Sm breit. An ihrer Nordseite zieht sich eine niedrige Dünenkette hin, und sind, um diese und die Insel besser zu schützen, seit 1874 umfangreiche Uferbauten ausgeführt; namentlich ist die Verbindung zwischen den durchbrochenen Dünen durch einen Deich wieder hergestellt und von diesem nach Norden zu eine Anzahl Buhnen oder Schlengen angelegt, welche in nächster Zeit noch vermehrt werden sollen.

Die Südseite der Insel verläuft ganz flach und ist hier eine Verbindung mit dem Festlande nach Carolinensiel zu durch Fährboote eingerichtet; auch ist die Passage über das Watt bei Niedrigwasser für Fussgänger möglich; jedoch muss man sich hüten, hierbei nicht durch die nachfolgende Fluth überrascht zu werden. Die Insel wird begrenzt im Westen durch die Harle, im Osten durch die Blaue Balje und im Norden durch die Jade-Mündung, während südlich sich das Watt-Fahrwasser hinzieht. Bis an diese Grenzen hin erstreckt sich von der Insel ein ganz flach anlaufender Strand, welcher seine geringste Ausdehnung an der Nordseite der Insel hat. Am alten Kirchthurm fällt dieser Strand auf ca. 300 m Distanz ganz fort und an der übrigen Nordseite misst derselbe beim niedrigsten Wasser kaum 0,5 Sm; ausserdem bleibt er hier noch mit Wasserrinnen durchzogen, während er nach Osten resp. SO zu wieder bis 2,5 Sm weit sich erstreckt. An der Südseite verbleibt zwischen dem Wangerooger und dem vom Festlande aus dahin sich erstreckenden Watt bei Niedrigwasser eine schmale, flache Rinne Wasser stehen, die sich von der Harle bis zur Blauen Balje hinzieht. Von dem Strande aus nehmen nach Norden die Tiefen ganz allmählich zu, so dass man erst im Abstande von ca. 1 Sm 12 m Wasser findet.

Auf Wangeroog befinden sich folgende Landmarken: der alte Kirchthurm; der Leuchtthurm; die Beobachtungsstation; die Dünenbake und die Strandbake.

Der alte ehemalige Kirchthurm des zerstörten Dorfes auf dem Westende der Insel Wangeroog, 1597—1602 erbaut, steht bei Hochwasser jetzt isolirt auf einem massiven Steinfundament, und wird zu seiner Erhaltung, da er eine vorzügliche Landmarke ist, Alles aufgeboten. Neue und sichere Befestigungen seines Fundamentes sind 1876 durch Steinablagerungen, welche letztere durch Faschinen und eingerammte Pfähle gehalten werden, ausgeführt, die hart vom Fusspunkt der Böschung noch 40 m sich in See hinein erstrecken. Der Thurm ist viereckig, von hellröthlichem Mauerwerk, mit drei Spitzen, Schieferdach, im Ganzen 54 m über Hochwasser und bei klarem Wetter ca. 16 Sm weit sichtbar. Seine geographische Position ist:

$$53°\ 47'\ 32''\ \text{N-Br}$$
$$7°\ 51'\ 3''\ \text{O-Lg.}$$

An der WNW-Seite dieses Thurmes ist in 38 m Höhe wagerecht eine 7,5 m lange Stange herausgesteckt und wird an dieser Stange mittelst einer resp. zwei schwarzen Kugeln von je 1 m Durchmesser der event. Zustand des Eises in der Weser den Schiffen signalisirt. Es bedeutet:

1. Eine schwarze Kugel: „Es ist Treibeis in der Weser, jedoch das Einlaufen mit grosser Vorsicht ausführbar!"
2. Zwei schwarze Kugeln senkrecht unter einander: „Das Einlaufen in die Weser ist mit Gefahr verbunden!" Das Feuerschiff hat alsdann schon seine Station verlassen.

Von See aus werden diese Eissignale am deutlichsten in den Peilungen zwischen SSO—SWzS gesehen.

Eine Weser-Schlepp-Dampfschiff-Gesellschaft hält an diesem Thurm gewöhnlich einen Ausguckposten, der, so wie er bei Stille, widrigen Winden etc. nach der Weser bestimmte Schiffe in See entdeckt, von Wangeroog nach einem im Dwarsgat bei Hoheweg liegenden Schleppdampfer telegraphirt.

Der Leuchtthurm von Wangeroog steht auf dem östlichen Ende der Insel, nahe dem Dorfe; es ist ein weisser, runder, massiver Thurm, mit schwarzer Kuppe, 30,1 m hoch über dem Erdboden; der untere Theil ist mit einem 7,7 m hohen, runden Gebäude umgeben. Das Feuer ist ein weisses Drehfeuer mit Intervallen von 2 min, und zwar: Verdunkelung ungefähr 1 min 45 sek und Blick ungefähr 15 sek. Das Feuer soll jedoch im Mai 1878 in ein Drehfeuer mit einer Periode von nur 1 min — Verdunkelung ca. 45—48 sek, Blick ca. 15 bis 12 sek — verändert werden.

Bei klarer Luft in 4,5 m Augeshöhe ist das Feuer ca. 16 Sm weit sichtbar.

Von See aus ist der untere Theil des Thurmes der vorstehenden Dünen halber nicht sichtbar. Seine geographische Position ist:

$$53°\ 47'\ 26''\ \text{N-Br}$$
$$7°\ 53'\ 58''\ \text{O-Lg.}$$

Auf dem Thurm ist eine Signalstation, die nach dem Internationalen Signalbuch signalisirt. Die Station giebt ihre Signale von einer an der Gallerie des Thurmes befestigten Flaggenstange ab.

In der Nähe des Leuchtthurmes befindet sich eine Rettungsstation.

Die Beobachtungsstation, ein rothes Gebäude mit Thurm, ist von dem oben beschriebenen Leuchtthurm in der Richtung NzW, 550 m entfernt. Von diesem Gebäude ist 20 m östlich ein Signalmast mit einer Raa errichtet, welche letztere bis zur Höhe des Thurmes genau in der Himmelsrichtung Ost—West aufgeheisst ist, und werden in der Mitte unter dem westlichen Ende dieser Raa die für die Jade zu gebenden Eissignale gezeigt, und zwar: mittelst einer Kugel (Ball), eines Quadrats (Trommel) und eines Dreiecks (Kegel).

Eissignale für die Jade.

Laufende No.	Signal	Bedeutung
1.	●	Ueberall Treibeis; Hafeneinfahrt von Wilhelmshaven unpassirbar.
2.	▬	Ueberall Treibeis; Hafeneinfahrt passirbar, Schleusen nicht.
3.	▲	Ueberall Treibeis; Hafeneinfahrt und Schleusen passirbar.
4.	●▬	Treibeis im Strom; Hafeneinfahrt unpassirbar.
5.	●▲	Treibeis im Strom; Hafeneinfahrt passirbar, Schleusen nicht.
6.	▬●	Treibeis im Strom; Hafeneinfahrt und Schleusen passirbar.
7.	▬▲	Wenig Treibeis im Strom; Hafeneinfahrt unpassirbar.
8.	▲●	Wenig Treibeis im Strom; Hafeneinfahrt passirbar, Schleusen nicht.
9.	▲▬	Wenig Treibeis im Strom; Hafeneinfahrt und Schleusen passirbar.
10.	▼	Kein Eis mehr.

Unweit dieser Beobachtungsstation wird ausserdem in nächster Zeit ein intensiver Nebelsignal-Apparat, Sirene I. Ordnung, errichtet, der, wie später unter „Ansegelung der Jade bis Weser-Feuerschiff" erwähnt, bei dickem Wetter seine Signale abgeben soll.

Die Dünenbake steht rw N 6° 25' O, 491,5 m vom Leuchtthurm auf einer Düne, 1871 neu erbaut. Sie ist 16 m hoch über dem Erdboden, 31 m über Hochwasser und hat als Toppzeichen eine Lattenverschalung in Würfelform. Man findet in der Richtung „Dünenbake—Leuchtthurm" die Schlüsseltonne der Weser, sowie die Tonne B der Jade.

Auch eignet sich diese Richtungslinie, da zwischen den obigen beiden Tonnen genügendes Wasser zum Drehen vorhanden, ganz gut zum Kontroliren der Deviation. Von der Dünenbake werden Sturmwarnungs-Signale nach Anweisung der Deutschen Seewarte gegeben.

Die Strandbake auf dem Ostende des Wangerooger Strandes, zuletzt 1874 erneuert, ist 15,7 m hoch, braun gestrichen, und hat als Toppzeichen eine Lattenverschalung in Form eines Stundenglases. Sie dient namentlich als Merkzeichen zur Einsegelung in die östlich von Wangeroog führende „Blaue Balje".

Von Westen kommend nach Jade und Weser bis zum Feuerschiff „Weser".

Wenn man bei südlichem resp. südwestlichem Winde und sichtigem Wetter, nach der Jade oder Weser bestimmt, von Westen kommt, so segele man in Sicht der ostfriesischen Inseln in einem Abstande von ca. 10 Sm. Auf diesem Kurse hat man von Texel an, ausser einer kleinen Stelle auf Borkum-Riff, nie eine Wassertiefe unter 20 m, und von Terschelling an auch nicht über 28 m. Bei den Distanzen ist hier Rücksicht auf den Strom zu nehmen, da die Fluth mit, die Ebbe gegenan setzt, ohne jedoch den Kurs selbst erheblich zu beeinflussen.

Bleibt es ganz klar, so thut man schon bei Norderney am besten, den obigen Abstand von 10 Sm auf ca. 6 Sm zu verringern. Dieser östliche Kurs führt auf Feuerschiff „Weser" zu und man hat auf demselben nie eine Wassertiefe unter 17 m. Hier ist nun zunächst an St. B. nach dem alten Wangeroog-Kirchthurm auszuschauen, welches Objekt jedenfalls früher zu sehen ist, wie das voraus in Sicht kommende Feuerschiff „Weser".

Bei südlichem Winde und trübem Wetter suche man das Borkum-Riff anzulothen, welches an seiner eigenthümlichen Grundart: „grober weisser Sand mit rothen und gelben Sprenkeln und kleinen Steinen" sehr leicht zu erkennen ist. Ist dieses geschehen, so halte man sich mit östlichem Kurse auf einer Wassertiefe von 20—23 m und kann man so, wenn fortwährend das Loth gebraucht wird, das Feuerschiff „Weser" ganz gut auffinden. Unter 18 m Wassertiefe darf man nicht lothen, und es muss, wenn dies dennoch geschieht, sofort etwas nördlicher gesteuert werden. Auch hüte man sich, falls eine Glocke gehört wird, vor Verwechselungen des Feuerschiffes mit der Glockenboje; das Geläute der letzteren ist ungleichmässig und vor allen Dingen folgen die einzelnen Töne nicht so schnell aufeinander, wie die vom Feuerschiff „Weser" abgegebenen ähnlichen Nebelsignale. Mehr wie 23 m Tiefe dürfen, falls man in der Nähe des Feuerschiffes mit dem Besteck steht, ebenfalls nicht gefunden werden, weil man sonst leicht nördlich vom Weser-Feuerschiff, ohne dasselbe zu gewahren, passirt.

Für alle Fälle gilt bei dem Aufsuchen des Feuerschiffes „Weser" bei dickem Wetter von Westen aus Folgendes: Sowie man aus der Rinne von 18 bis 23 m herausgekommen ist und flaches Wasser lothet, ohne etwas vom Feuerschiff oder von der Glockenboje zu sehen resp. die Glocken derselben zu hören, und das eigene Schiff sich der Distanz nach kurz vor Feuerschiff „Weser" befinden soll, ist das Ruder St. B. zu legen und NW etwas ab zu steuern. Es ist ja möglich, dass das Besteck bei der vielleicht gefundenen Tiefe von 17 m zwischen Feuerschiff und Glockenboje richtig steht und wirklich dieser Tiefe entspricht, aber auch in diesem Falle wäre es einem dort Unbekannten, ohne dass er vorher etwas gesehen hat, nicht anzurathen, auf's Loth weiter hineinzugehen, denn man könnte wohl schon nördlich vom Feuerschiff „Weser" passirt sein und bereits in der Norder-Weser stehen, während man sich in der Nähe der Glockenboje resp. des Feuerschiffes „Weser" zu befinden glaubt. Jedenfalls würde der nach der obigen Regel zu steuernde Kurs NW — sowie man 17 m lothet — auf das Feuerschiff „Weser" zu führen, wenn man sich bei jener Tiefe bereits zwischen dem Feuerschiff und der Glockenboje befunden hätte.

Der in nächster Zeit in der Nähe der Beobachtungsstation auf der Insel Wangeroog zu errichtende Nebelsignal-Apparat wird das Ansteuern des Feuerschiffes „Weser" bei nebeligem Wetter noch erleichtern.

Die Jade.

BESCHREIBUNG DES FAHRWASSERS UND DER GRENZEN. Die Jade besitzt, im Gegensatz zur Weser und Elbe, im Hauptfahrwasser nur eine verhältnissmässig enge Mündung. Dieses ist hier stellenweise nur 3 Kblg breit und häufigen Aenderungen unterworfen, behält jedoch bis nach Wilhelmshaven eine genügende Tiefe, und zwar bei Niedrigwasser nie unter 10m, während die Weser diese Tiefen schon bei Wremen, die Elbe 5 Sm oberhalb Cuxhaven zwischen Altenbruch und Otterndorf verliert.

Von Wilhelmshaven ab erstreckt sich das tiefe Wasser der Jade noch in 0,4 Sm Breite 3 Sm weiter nach SO zu und verliert sich dann, indem es allmählich abflacht, in zwei nach Land zu führenden Rinnen, dem „Schweiburger Tief" und dem „Vareler Tief"; ausserdem zieht sich von Wilhelmshaven noch ein anderes, nur 1½ Kblg breites Becken ca. 0,7 Sm weit unter dem Namen „Marien-Tief" nach SW, welches dann ebenfalls allmählich abflacht und in zwei anderen Rinnen, dem „Marien-Siel" und „Steinhauser-Tief", nach dem Festlande zu führt.

In der Jade, ebenso wie in der Mündung der Weser, fallen fast alle an der Westseite des Fahrwassers gelegenen Sände, Watten und Untiefen nach demselben ziemlich steil ab, während die an der Ostseite liegenden allmählicher abflachen.

Mit der angrenzenden Weser hängt die Jade von der Alten Mellum ab nordwärts zusammen und finden sich nach der ersteren hin zwei Durchfahrten, wovon die südlichere, die „Weserfahrt", von der Strand-Bake auf Feuerschiff „Bremen" zu, bei Niedrigwasser nur 2,2m Wassertiefe hat; die nördliche, das „nördliche Fahrwasser" genannt, vom Feuerschiff „Aussenjade" auf Tonne C der Weser zu führend, dagegen jetzt nie unter 7m Wasser bei Niedrigwasser aufweist.

Die frühere Weserfahrt, zwischen Mellum-Plate und der Alten Mellum, ist jetzt vollständig versandet.

Das Fahrwasser der Jade führt die Bezeichnungen: die Aussenjade und Innenjade, deren Scheide zwischen den Tonnen O und P in der Linie St. Joost-Mühle und Hoheweg-Leuchtthurm angenommen wird. Die Aussenjade hat von der Glockenboje an bis Tonne L noch die specielle Bezeichnung „Wangerooger-Fahrwasser".

Auf der Aussenjade findet man an der Westseite des Fahrwassers zwischen den Tonnen M und N auf der Schillig- oder Horumer-Siel-Rhede einen gegen alle Winde von NW durch West bis SSW geschützten Ankerplatz. Hier ist überall tiefes Wasser und guter Ankergrund (Schlick und Sand); gegen alle östlichen Winde findet man auf der gegenüberliegenden Ostseite, zwischen den Tonnen No. 8 und 9, durch die Alte Mellum Schutz.

Grenzen. a. Westseite. Die Grenzen des Jade-Fahrwassers an der Westseite bildet von See aus zunächst der Wangerooger-Strand.

Die Wassertiefen nehmen von diesem Strand aus nach dem Hauptfahrwasser ganz allmählich zu, so dass erst im Abstande von 1,5 Sm von der Insel 10m Wasser gefunden werden; von hier fällt der Grund dann steil ab.

Oestlich vom Wangerooger-Strand, zwischen diesem und dem Minsener-Old-Oog, mündet die sogenannte „Blaue Balje", die steil an der Wangerooger Seite, aber allmählich abflachend an der Minsener-Old-Oog-Seite verläuft. Die Blaue Balge ist nur für die Wattfahrt von einiger Bedeutung.

Minsener-Old-Oog, als nächste Grenze des Jade-Fahrwassers, ist an seiner Ostseite ziemlich steil, während die Tiefen nach Norden hin ganz allmählich zunehmen, mit Ausnahme einiger steilen Ausläufer von nur 3m Tiefe, die sich in NO bis dicht an's Fahrwasser erstrecken. Dreiviertel Seemeilen von der Ostseite dieses Sandes entfernt, und zwar in der Richtung von der auf demselben errichteten Minsener-Old-Oog-Bake nach dem Feuerschiff „Minsener-Sand" zu, liegt eine Untiefe, das frühere Südende des Minsener-Sandes, auf welcher der niedrigste Wasserstand nur 2 m beträgt. Diese Untiefe hat eine Ausdehnung von 1 Sm in der Nord—Süd-, von 0,5 Sm in der Ost—West-Richtung, und bezeichnen die rothen Tonnen J und K des Jade-Fahrwassers die Ostseite derselben, welche letztere hier im Abstand von nur 1 Kblg von 2 m auf 10 m Wassertiefe abfällt. Zwischen dem Minsener-Old-Oog-Sand und der eben beschriebenen Untiefe bleibt zwar für Fahrzeuge bis zu 6 m Tiefgang zur Zeit genügend Wasser, es giebt sogar Stellen von über 12 m, die steil von Minsener-Old-Oog abfallen, jedoch ist diese Passage höchstens den dort mit dem Fahrwasser genau Bekannten anzurathen, da die Orientirung ziemlich schwer hält und häufige Aenderungen stattfinden.

Südlich am Minsener-Old-Oog, nur getrennt von ihm durch einen ganz schmalen ausgeprickten Priel, liegt das „neue Brack", ein bei Niedrigwasser trockenfallender Sand, welcher bis zum Schillighörn-Leuchtthurm hier das Jeverland im Norden umgiebt. An der Ostseite ist derselbe steil, er fällt auf 1,5 Kblg Entfernung bis zu 10 m und mehr Wassertiefe ab.

Von Schillighörn bis Wilhelmshaven bildet die weitere Grenze des Jade-Fahrwassers das längs dem niedrigsten Festlande Jeverland's sich hinziehende Watt, welches bald in grösserer, bald in kleinerer Entfernung vom Deich bei Niedrigwasser heraustritt und ziemlich steil nach dem Fahrwasser zu abfällt.

In dieses Watt führen verschiedene kleine Einläufe, Siele genannt, von der Jade aus nach den gleichnamigen Häfen hinein, die aber meistens nur für kleinere Fahrzeuge zugänglich sind.

In allen diesen Sielen stehen die, die Richtung derselben kennzeichnenden Stechbaken an der Nordseite, oder sind, wie die Regel besagt, beim Einsegeln an St. B. zu lassen.

Von Norden an ist hier zunächst das „Horumer-Siel" zu erwähnen; dasselbe mündet 0,5 Sm südlich vom Schillighörn-Leuchtthurm. Dieses Siel führt in der Richtung SO auf den kleinen Hafen Horumer-Siel zu (woselbst sich eine Rettungsstation befindet), fällt jedoch in seiner inneren Hälfte bei Niedrigwasser vollständig trocken.

Zwischen dem Horumer Siel und Schillighörn-Leuchtthurm steht auf dem Vorlande (Groden genannt) eine Bake mit einem Dreieck als Toppzeichen, welche, mit Stumpenser Mühle in Linie gehalten, die Lage einer zwischen den Tonnen M und N ausgelegten Treibbake, mit Besen als Toppzeichen, kennzeichnet.

Dieses Alignement bezeichnet den Anfang einer genau abgesteckten Seemeile und die rothe Tonne N das Ende derselben. Letztere liegt in dem Alignement zweier anderen Baken, von welchen die eine auf dem Deich am Ende des Hohenstiefer-Siel errichtet ist und als Toppzeichen ein Quadrat trägt, während 6 Kblg davon in der Richtung Ost (auf Tonne N zu) auf dem Watt die zweite Bake mit einem Dreieck als Toppzeichen steht. Diese Distanzbaken führen nur dann ihre Toppzeichen, wenn die Distanzmeile zur Abhaltung von Probefahrten benutzt werden soll, und liegt auch dann nur die eben erwähnte Treibbake aus.

Das Hohenstiefer-Siel mündet querab vom Orte Horumer-Siel in das letztere Siel hinein, und beide fliessen unter dem einen Namen „Horumer-Siel" in die Jade.

Weiter südlich folgt das querab von Tonne O der Jade mündende ausgeprickte „Crildumer-Siel"; dasselbe fällt in seiner inneren Hälfte bei Niedrigwasser ebenfalls ganz trocken und ist deshalb nur für ganz kleine Fahrzeuge passirbar.

Das nächste von der Jade aus nach Land zu führende Siel ist das zwischen den Tonnen P und O mündende „Hooksiel". Diese Rinne ist, von allen zwischen Schillighörn und Wilhelmshaven von der Jade nach dem Festland zu führenden, die von kleinen Fahrzeugen frequentirteste, da in derselben bei Niedrigwasser bis kurz vor dem Deich (von wo ab sie allerdings ebenfalls trocken fällt) etwas Wasser stehen bleibt.

Das Hook-Siel ist gut ausgeprickt und führt in der Ost—West-Richtung nach dem gleichnamigen Orte Hook-Siel, woselbst eine Rettungsstation sich befindet und ein kleines Feuer von 6 Sm Sichtweite brennt, dessen später unter „Seezeichen" näher Erwähnung gethan werden wird.

Südlich von Hook-Siel finden sich noch bis nach Wilhelmshaven zwei weitere kleinere Siele: „das Inhauser Siel", querab von den Tonnen O und R der Jade, und das „Rüstringer-Siel", querab von Tonne U.

Westlich der Tonnen P, Q und R der Jade erstreckt sich von Süden herauf eine Untiefe, die „Voslapp-Plate", welche bei Niedrigwasser trocken fällt und deren Ausläufer sich mit nur 4m Wasser bis 0,8 Sm oberhalb Tonne P hinzieht. Die Untiefe ist häufigen Veränderungen unterworfen und wird kreuzenden Schiffen hier Vorsicht anempfohlen.

Ferner befindet sich mitten in der Jade auf der Strecke hinter den rothen Tonnen S und U eine Untiefe, auf der stellenweise nur 5m Wasser verbleiben, die sogenannte „Genius-Bank". Beim Einsegeln ist dieselbe an St. B. zu lassen; sie ist hier gekennzeichnet durch die rothen stumpfen Tonnen S und T, sowie durch die auf dem Südende der Bank liegende Nebenfahrwassertonne, eine rothe Spierentonne mit Korb und dem weissen Buchstaben T.

Tiefgehende Schiffe dürfen das kleine Feuerschiff der Genius-Bank nicht in zu grosser Distanz passiren, da die tiefe Rinne hier ganz schmal und die Genius-Bank selbst doch noch immer Aenderungen unterworfen ist.

Zum Schluss bleibt noch die kurz vor Wilhelmshaven an der Westseite des Fahrwassers gelegene Untiefe, die „Heppenser Plate", zu erwähnen. Dieselbe erstreckt sich von Tonne V an nach Süden, westlich der Fahrwassertonnen V, W und X, und ist der Schifffahrt insofern sehr gefährlich, als ihre dem Fahrwasser zugekehrte Seite ganz steil abfällt. Zwei Kabellängen ausserhalb der Tonnenlinie W—X sind auf der Heppenser Plate bereits Stellen von 0,2m bei Niedrigwasser.

b. Ostseite. An der Ostseite, wo die Jade, wie schon erwähnt, bis zur Alten Mellum mit der Weser zusammenhängt, wird dieselbe ebenfalls durch verschiedene Sände und Untiefen, die mehr oder weniger Wasser aufweisen, begrenzt. Zunächst liegt hier die Jade-Plate, auf welcher bei Niedrigwasser an einzelnen Stellen nur 1,5m Wasser verbleibt, und bei nördlichen Winden fast immer Brandung steht. Die Jade-Plate erstreckt sich mit der 5m-Grenze nach Westen zu, bis an die Linie „Minsener-Old-Oog-Bake — Schlüsseltonne", und nach NW zu, bis an die Linie „Signalstation auf Wangeroog — rothe Tonne A der Weser". Im Norden und Süden liegen die Fahrwassertonnen der Weser resp. Jade, welche vor dieser Plate warnen; jedoch können Schiffe bis zu 7,5m Tiefgang bei Niedrigwasser von der Jade nach der Weser resp. umgekehrt, mit Sicherheit hier draussen querüber steuern, wenn sie westlich der Richtungslinie: „Dünenbake in Wangeroog-Leuchtthurm", welche auf die Schlüsseltonne zuführt, bleiben.

Oestlich von der Jade-Plate, zwischen ihr und dem Rothen Grund, liegt die vorhin erwähnte Durchfahrt: „das Nördliche Fahrwasser".

Dieses Fahrwasser, dessen geringste Tiefe augenblicklich noch 7m beträgt, ändert jedoch fast alle Jahre.

Zur Bezeichnung desselben liegen, von der Weser kommend, an St. B. zwei rothe Spierentonnen A und B, und an B. B. die beiden schwarzen Spierentonnen I und II, erstere durch Korbgeflecht, letztere durch Lederlappen noch weiter gekennzeichnet.

Die weitere Grenze der Jade bildet an der Ostseite „der Rothe Grund", eine Untiefe, auf der an einigen Stellen nur 1 und 1,5m Wasser bei Niedrigwasser bleiben, und auf welcher bei nördlichen Winden die See brandet.

Der Rothe Grund erstreckt sich mit seinem südlichen Ende bis zu der Linie: „Aussenjade Feuerschiff in Feuerschiff Bremen", wo nur 2m Wasser stehen bleiben, und ist am steilsten an seiner NO-Seite, also an der Weser und an dem nördlichen Fahrwasser, wogegen die Südseite (nach der Jade zu) allmählich abfällt und der Schifffahrt hier weniger gefährlich wird, falls man sich nicht zu weit ausserhalb der schwarzen Tonnenlinie begiebt.

Südlich vom Feuerschiff „Aussenjade" und östlich der Linie von diesem auf Feuerschiff „Minsener-Sand" zu, erstreckt sich in nord—südlicher Richtung der 1,6 Sm lange „Minsener-Sand", gekennzeichnet durch vier Tonnen. Im Norden desselben liegt auf 11,5m Wasser die Nord-Mittelgrundtonne, SOzO,

0,5 Sm vom Feuerschiff „Aussenjade"; dieselbe ist spitz, schwarz mit rothen horizontalen Streifen und mit einem Korb als Toppzeichen versehen.

Im Osten liegt in 13 m Wasser die rothe stumpfe Tonne G/H, SO^3/$_8$S, 1,5 Sm vom Feuerschiff „Aussenjade".

Das südliche Ende des Minsener-Sandes bezeichnet die spitze, mit einem schwarzen Flügel versehene, schwarz und roth horizontal gestreifte Süd-Mittelgrundtonne in 12 m Wasser, SSO^3/$_4$O 2,2 Sm vom Feuerschiff „Aussenjade" und in derselben Entfernung O^1/$_4$N von der Minsener-Old-Oog-Bake. Im Westen liegt auf 12 m Wasser die schwarze, spitze Hauptfahrwassertonne No. 6, SOzS 1,2 Sm vom Feuerschiff „Aussenjade" und NOzO^1/$_2$O 2 Sm von der Minsener-Old-Oog-Bake. Der Minsener-Sand hat seine flachsten Stellen von 7 m in der Richtung der beiden Ost—West-Tonnen (No. 6 und G/H), behält aber an seinem Süd- und Nordende eine Tiefe von über 8 m Wasser. Er wird beim Einsegeln an B. B. gelassen, jedoch ist auch das Fahrwasser an seiner Ostseite durch die an den Rothen Grund resp. die Mellum-Plate gelegten schwarzen spitzen Tonnen 5/6 und 6/7 gekennzeichnet und können Schiffe, welche das nördliche Fahrwasser benutzen wollen, diese Passage wählen (siehe „Oestliche Fahrt").

Südlich vom Rothen Grund, zwischen den schwarzen Tonnen 5/6 und 6/7 der Oestlichen Fahrt, in der ungefähren Linie „Strand-Bake in Feuerschiff Bremen", liegt die Eingangs erwähnte Weserfahrt mit 2,2 m Tiefe bei Niedrigwasser.

Von der Jade aus geht der Kurs durch diese Durchfahrt von der rothen Tonne G/H der Oestlichen Fahrt direkt auf Feuerschiff „Bremen" zu.

Die „Mellum-Plate", welche jetzt vollständig mit der Alten Mellum zusammenhängt, erstreckt sich mit ihrem ganz schmalen Nordende bis zu der Linie „Minsener-Old-Oog-Bake—Tonne H der Weser". Der nördliche Ausläufer dieser Plate ist auf der 2 m - Grenze durch eine schwarze Treibbake gekennzeichnet. Westlich der Mellum-Plate liegen, nur 3—4 Kblg östlich von der schwarzen Jade-Tonne No. 7 entfernt, Untiefen mit 1—2 m Wasser, weshalb Schiffe hier unter keinen Umständen über die Tonnenlinie No. 6/7—7, sowie No. 7—8 hinausgehen dürfen.

Die „Alte Mellum" zieht sich von der Mellum-Plate nach Süden bis zur Linie „Pakens-Kirche—Hoheweg-Leuchtthurm"; in der Ost—West-Richtung ist dieser Sand bis zu 4 Sm breit; bei Hochwasser ist derselbe bis auf einen kleinen Theil, der die auf ihm errichtete Mellum-Bake umgiebt, vollständig unter Wasser.

Kleinere Priele münden auf beiden Seiten der Alten Mellum, sind jedoch, selbst für kleinere Fahrzeuge, von gar keinem Werth, da sie sämmtlich als Sack verlaufen. Am steilsten ist die Alte Mellum bei der schwarzen Jade-Tonne No. 9, wo sie im Abstande von 4 Kblg Ost dieser Tonne bei Niedrigwasser bereits trocken fällt.

Der sich weiter nach Süden zu, bis zum Deiche des Butjadingerlandes hinziehende Sand erhält südwärts der Linie „Pakens-Kirche—Hoheweg-Leuchtthurm" die Bezeichnung „Hoheweg". Auch dieser Sand ist nur bei Niedrigwasser sichtbar, und münden ebenfalls mehrere als Sack verlaufende Priele in denselben. Zwischen den schwarzen Jade-Tonnen No. 10, 11 und 12 nehmen die Tiefen nach dem Hoheweg hin wieder ganz allmählich ab und von der Tonne No. 10 liegt der Sand sogar 1,5 Sm entfernt. Es können deshalb kleinere Schiffe und Fahrzeuge bis zu 5 m Tiefgang beim Ein- und Aussegeln zwar diese Tonne No. 10 bis auf 0,5 Sm Abstand an deren Ostseite passiren, jedoch wird von diesem Richtweg, ausser bei ganz klarem sichtigem Wetter, entschieden abgerathen.

Der Hoheweg findet seine Südgrenze an der „Sengwarder Balje", einer ganz schmalen, nur für kleine Fahrzeuge bei Hochwasser passirbaren Rinne, welche in der Ost-West-Richtung nach dem Fedderwarder Fahrwasser (der Weser) zu führt.

Die Sengwarder Balje mündet zwischen den schwarzen Tonnen No. 14 und 15 auf der Jade, und ist ihr Verlauf von Anfang an bis auf 2 Sm Entfernung an der Nordseite ziemlich dicht ausgepprickt.

Ihren Eingang von der Jade kennzeichnet zur Zeit noch ein an der Nordseite desselben liegendes Wrack, dessen Lage ebenfalls durch Stechbaken bei Hochwasser kenntlich ist.

Südlich der Sengwarder Balje heisst der Sand bis zum Festland, also bis zum Deich des Butjadingerlandes, das „Solthörner Watt". Das letztere hat von der Jade aus keine Einläufe und ist am steilsten zwischen den schwarzen Tonnen No. 15—17.

Am Jade-Fahrwasser bildet die südlichste Grenze dieses Watts die „Ahne", ein nach der SW-Spitze des Butjadingerlandes zu führender alter Nebenarm der Jade, welcher am Einlauf ca. 3 m Wasser hat, jedoch südlich des Butjadinger Deichs trocken fällt.

Südlich der Ahne tritt bis an diese ein Ausläufer des kleinen Oberahnschen Feldes, der „Feldsteert", heran, und es mündet zwischen diesem und dem grossen Oberahnschen Feld ein Priel, der nach einer Seemeile Distanz ebenfalls trocken fällt.

Die „Oberahnschen Felder" sind kleine unbewohnte Inseln. Westlich vom grossen Oberahnschen Feld liegt der „Jappen Sand", durch die schwarzen Fahrwassertonnen No. 18 und 19 gekennzeichnet. Derselbe fällt bei Niedrigwasser trocken und nach dem Fahrwasser ziemlich steil·ab.

Das tiefe Fahrwasser der Jade verliert sich nun, wie beim Anfang erwähnt, 0,4 Sm breit, 3 Sm südlich von Wilhelmshaven in die beiden bei Hochwasser nach Land zu führenden Rinnen: Das Schweiburger-Tief und das Vareler-Tief, von denen das erstere nach dem Schweiburger-Siel und das letztere nach dem Vareler-Siel in der Richtung auf das Varelersiel-Leuchtthurm zu führt. Zwischen diesen Rinnen erstreckt sich vom Deich aus das Schweiburger und das Jader Watt.

Nördlich und westlich des Vareler Tiefs liegt das sogenannte Vareler Watt, das sich bis an das ganz schmale ca. 1 Sm lange Inselchen Arngast erstreckt, welches letztere unbewohnt ist.

Der sich von Arngast nördlich nach dem Schweinsrücken zu erstreckende Sand heisst „Arngaster-Sand"; derselbe ist an seiner steilen Ostseite, wo bei Niedrigwasser das Jade-Wasser heranspült, durch Baken gekennzeichnet.

Der Schweinsrücken erstreckt sich mit seinen nordöstlichen Ausläufern von nur 3—4 m Tiefe bis zur Höhe der Wilhelmshavener Molen heran und ist hier durch Nebenfahrwassertonnen gekennzeichnet. Die nördlichste Spitze des Schweinsrückens bezeichnet eine querab von Wilhelmshaven in 8 m Tiefe gelegte schwarz und roth vertikal gestreifte stumpfe Tonne, $S^7/_8W$ 3 Kblg von Tonne Y entfernt; die weitere nordwestliche Seite des Schweinsrückens kennzeichnen nach Süden zu drei Nebenfahrwassertonnen, schwarze spitze Tonnen, mit weissen horizontalen Streifen versehen. Von diesen liegt die nächste Tonne No. 1 SWzW 2 Kblg von der vorigen, roth und schwarz gestreiften stumpfen Tonne entfernt und die beiden anderen Tonnen No. 2 und 3 in einer Linie WzS von No. 1 und in gleichen Abständen — 3 Kblg — von einander; alle drei liegen auf der 6 m - Linie.

Das „Marien-Tief", welches im Einlauf 7 m Wasser hat, zieht sich als eine ungefähr 1,5 Kblg breite Rinne von Wilhelmshaven-Rhede zwischen dem Schweinsrücken und dem Ufer unter Land nach SW zu; es flacht nach der Westseite allmählich ab und ist an der Ostseite durch die vorhin erwähnten Schweinsrücken-Tonnen gekennzeichnet. Schiffe, die vor dem Moleneingang aus irgend welchem Grunde noch sich aufhalten, dürfen nicht östlich dieser Tonnenlinie hinausgehen.

Südlich von den Wilhelmshavener Molen hat das Marien-Tief auf eine kurze Strecke wieder bis 10 m Tiefe, verläuft demnächst aber, allmählich abflachend, in verschiedenen Prielen, die bei Niedrigwasser trocken fallen, nach Land zu. Von diesen Prielen führt das „Steinhauser-Tief", dicht bei dem Badeort Dangast vorbei, nach dem Ellenserdammer-Siel, während der vom Marien-Tief nach Westen zu verlaufende Priel in das Marien-Siel endet.

Von der Küste aus in der Ausdehnung von Marien-Siel bis Wilhelmshaven erstreckt sich bis zum Marientief hin das „Banter-Watt"; südlich von der Wilhelmshavener Kirche liegt an demselben der bisherige interimistische Kauffahrteihafen, bei dem jetzt eine zweite Einfahrt zu dem Kriegshafen im Bau begriffen ist.

LANDMARKEN. Die Navigirung im Fahrwasser der Jade wird durch folgende Landmarken erleichtert. Es befinden sich:

A. **An der Westseite:** der „alte Kirchthurm", der „Leuchtthurm", die „Dünenbake", die „Beobachtungsstation", die „Strandbake", sämmtlich auf Wangeroog, welche bereits bei der Beschreibung dieser Insel Erwähnung gefunden haben.

Demnächst folgen:

Die **Minsener-Old-Oog-Bake**, 21 m hoch, auf dem gleichnamigen Sande nahe dem Jade-Fahrwasser 1865 erbaut, 1871 erneuert, dient zur Orientirung in der Aussenjade. Ihre geographische Position ist:

$$53° \; 46' \; 29'' \; \text{N-Br}$$
$$8° \;\; 0' \; 54'' \; \text{O-Lg}.$$

Sie ist braun angestrichen und hat einen viereckigen, mit Brettern verkleideten Aufsatz, der oben ein Dach trägt; diese obere Lattenverschalung bildet eine geometrische Figur in Form einer Laterne. In der Bake befindet sich ein Bretterverschlag zur Aufnahme von Schiffbrüchigen; derselbe enthält Hartbrod und frisches Wasser, sowie eine Flagge zum Signalisiren. Eine Flaggleine ist stets in der Spitze der Verdachung eingeschoren. Bis in den verlatteten Raum führt eine eiserne Leiter.

Schillighörn-Leuchtthurm steht in:

$$53° \; 42' \; 15,8'' \; \text{N-Br}$$
$$8° \;\; 1' \; 49,7'' \; \text{O-Lg}$$

auf dem Vorlande (Groden) östlich der Deichecke bei Schillighörn, 1876 erbaut. Der Thurm ist in Säulenform aus Eisenblech gefertigt, dunkelroth angestrichen, und steht auf einem 3,5 m über dem Terrain sich erhebenden massiven Steinfundament. Das kuppelförmige Dach ist mit einer Kugel gekrönt, die sich 23,3 m über dem Terrain befindet. Der Thurm hat im Mittel 2,5 m Durchmesser, ist vom Fuss bis zu 10 m Höhe durch eiserne, schräg stehende Rippen, die auf dem Fundament verankert sind, abgestützt.

Auf diesem Leuchtthurm brennt seit dem 1. April 1877:

a) ein rothes festes Feuer, 21 m über Hochwasser, sichtbar zwischen den rechtweisenden Peilungen S 3½° O durch Süd und West bis N 43½° W, und zwar bis 12 Sm Entfernung in den rechtweisenden Peilungen S 3½° O durch Süd bis S 36½° W; dagegen nur bis zu 9 Sm Entfernung in den rechtweisenden Peilungen S 36½° W durch West bis N 43½° W.

b) Ein weisses festes Leitfeuer, 18 m über Hochwasser, sichtbar bis zu 11 Sm Entfernung in den rechtweisenden Peilungen N 43½° W bis N 40° W. Auf der Strecke des Fahrwassers von den Stationen der Tonnen O und No. 10 bis zu den Tonnen R und No. 12 ist das Leitfeuer nur im Fahrwasser sichtbar und verschwindet ausserhalb desselben. Das Kernlicht des Leitfeuers fällt nahezu mit der Mittellinie des Fahrwassers zusammen.

Hook-Siel-Feuer. Auf einem vierseitigen, grauen, massiven Pfeiler, der bei dem gleichnamigen Orte Hook-Siel steht, aber vom Deich nach See zu verdeckt ist, brennt in 8,2 m Höhe ein weisses festes Feuer von 6 Sm Sichtweite zwischen den Peilungen WSW½W über West bis WNW; dasselbe kennzeichnet die Hook-Siel-Rhede.

Wilhelmshaven-Hafenfeuer. Auf den beiden Molenköpfen der Einfahrt zum Kriegshafen brennen in 9,8 m Höhe über Hochwasser auf eisernen Laternenständern seit dem 1. Januar 1877 zwei Feuer und zwar: auf dem nördlichen Molenkopf ein grünes festes Feuer, auf dem südlichen Molenkopf ein rothes festes Feuer. Beide Feuer beleuchten den ganzen Horizont und haben 3 Sm Sichtweite, sind jedoch schon bei östlichem Winde und klarer Luft auf 5,5 Sm weit gesehen worden. Das bisher als Hafenfeuer benutzte, auf der alten Heppenser Batterie stehende Laternenlicht ist mit demselben Tage ausgelöscht.

Varelersiel-Leuchtthurm steht in

$$53° \; 24' \; 50'' \; \text{N-Br}$$
$$8° \; 10' \; 59'' \; \text{O-Lg}$$

auf dem Deich nördlich des Vareler Binnensieltiefs. Der Thurm hat dieselbe Gestalt und Konstruktion wie Schillighörn-Leuchtthurm, ist auch ebenso angestrichen, doch 6,4 m höher, so dass seine Spitze 29,7 m über dem Terrain liegt.

Auch von diesem Leuchtthurm brennen seit dem 1. April 1877 zwei feste Feuer:

a) ein rothes festes Feuer befindet sich 27,0 m über Hochwasser und ist sichtbar bis zur Entfernung von 13 Sm zwischen den rechtweisenden Peilungen S 54° O bis S 2° O und von S 1½° W bis S 54° W.

b) ein weisses festes Leitfeuer, 24,0 m über Hochwasser, sichtbar zwischen den rechtweisenden Peilungen S 2° O durch Süd bis S 1½° W, ebenfalls von 13 Sm Sichtweite. Auf der Strecke des Fahrwassers südlich der Genius-Bank bis Wilhelmshaven-Rhede ist das Leitfeuer nur im Fahrwasser sichtbar und verschwindet ausserhalb desselben. Sein Kernlicht fällt hier nahezu mit der Mittellinie des Fahrwassers zusammen.

B. An der Ostseite:

Die Mellum-Bake. Sie dient hauptsächlich als Richtungsmarke durch das Fahrwasser westlich des Minsener Sandes.

Diese Bake ist auf der bei Hochwasser trocken bleibenden Stelle der Alten Mellum im Jahre 1875 erbaut und steht in:
53° 42′ 59″ N-Br
8° 7′ 44″ O-Lg.

Die Mellum-Bake, 24,5 m über dem Erdboden hoch, ist aus Holz gefertigt, schwarz gestrichen und hat die Form einer Pyramide.

Das Bakengerüst besteht aus vier Ständern und einem Kaiserstuhl, welche in Pyramidenform zusammengestellt sind, 9,5 m über dem Erdboden beginnt die Verlattung der Bake, die bis 20 m hoch reicht und in deren unterem Theile, zur Aufnahme von Schiffbrüchigen, eine 4 m lange und breite Kammer aus Brettern angebracht ist.

Auf der 2,5 m hohen Spitze der Bake ist eine Flaggleine eingeschoren, und eine eiserne Leiter führt vom Sand bis in den verlatteten Raum. Bei klarer Luft ist diese Bake 9—10 Sm weit zu sehen.

Der Hoheweg-Leuchtthurm, in
53° 42′ 51″ N-Br
8° 14′ 37″ O-Lg
ist aus Ziegeln im Rohbau aufgeführt.

Auf dem Thurm brennen zwei weisse feste Feuer:

a) das Hauptfeuer, in 27 m über Hochwasser, mit einer Sichtweite von 16 Sm, ist sichtbar zwischen den Peilungen O¾N über Ost durch Süd, West und Nord bis NO¼O, wird also nur verdunkelt nach der Jade hin in dem kleinen Sektor von 3 Kompassstrichen, und zwar von O¾N bis NO¼O. (Den Zweck dieses kleinen, todten Winkels siehe: „Nachteinsegelung in die Jade".)

Zur besseren Orientirung für die in die Weser einsegelnden Schiffe ist auf dem Thurm:

b) noch ein weisses festes Feuer angebracht, welches jedoch erst näher bei den Weser-Seezeichen beschrieben ist.

FEUERSCHIFFE. Zur weiteren Bezeichnung des Hauptfahrwassers der Jade dienen drei Feuerschiffe, die von ihren angegebenen Positionen nur dann verlegt werden, wenn solches durch eine Aenderung des Fahrwassers bedingt wird. Für diese Feuerschiffe gilt im Allgemeinen das Folgende:

Dieselben verlassen ihre Stationen nur, wenn höhere Gewalt, Eis etc. sie dazu zwingt. Sie führen neben den Hauptfeuern am Fockstag in 1,9 m Höhe über der Reling eine Ankerlaterne, um die Kompassrichtung, in welcher das Schiff liegt, kenntlich zu machen.

Liegen die Feuerschiffe nicht auf der richtigen Station, so zeigen sie bei Tage vom Besanstopp eine schwarze viereckige Flagge. Die Feuer werden Nachts in diesem Falle, ausser der Ankerlaterne, nicht angezündet, und die Toppkörbe, wenn angängig, gestrichen.

Wird von den Feuerschiffen aus bemerkt, dass ein Schiff in ihrer Nähe einen falschen Kurs steuert, so feuern sie in Intervallen von 3 min zur Warnung

Doppelschüsse. Nothsignale anderer Fahrzeuge werden von den Feuerschiffen repetirt, event. für jene Fahrzeuge abgegeben, um dadurch Hülfe von Land herbeizurufen.

Das Feuerschiff „Aussenjade" liegt in der Aussenjade, wo das nördliche Fahrwasser in das Wangerooger Fahrwasser mündet, auf 11 m Wasser, in:

$$53° \ 48,65' \ \text{N-Br}$$
$$8° \ \ 1,8' \ \ \text{O-Lg.}$$

Das Feuerschiff hat drei Pfahlmasten, ist roth angestrichen und führt den Namen „Aussen-Jade" in weissen, 90 cm hohen Buchstaben auf beiden Seiten der Reling zwischen Gross- und Fockwant. Im Vor- und Grosstopp führt es je eine schwarze Kugel von 1,7 m Durchmesser und am Heck bei Tage die deutsche Kriegsflagge mit Lootsenabzeichen. Vom Grossmast brennt in 15,7 m und vom Fockmast in 9,4 m Höhe über Wasser je ein weisses festes Feuer. Beide Feuer beleuchten den ganzen Horizont und sind ca. 9 Sm sichtbar; bei hohem Seegang werden jedoch die Feuer nicht höher als 12,6 resp. 7,9 m über Wasser aufgeheisst.

Bei nebeligem oder unsichtigem Wetter wird in Pausen von 2 min zwei Minuten lang mit der Schiffsglocke geläutet und rasch auf einander folgende Schläge gegeben.

Das Feuerschiff „Aussenjade" ist beim Einkommen durch das Wangerooger Fahrwasser an B. B., beim Einkommen durch das Nördliche Fahrwasser an St. B. zu lassen.

Das Feuerschiff „Minsener-Sand" ist in der Aussenjade südlich des Minsener- und östlich des Minsener-Old-Oog-Sandes auf 15 m Wasser stationirt in:

$$53° \ 45,4' \ \text{N-Br}$$
$$8° \ \ 5,1' \ \ \text{O-Lg.}$$

Das Feuerschiff hat drei Pfahlmasten, ist roth angestrichen und führt den Namen „Minsener Sand" in 90 cm hohen weissen Buchstaben auf beiden Seiten der Reling, zwischen Fock- und Grosswant. Im Grosstopp führt es eine rothe Kugel von 1,7 m Durchmesser aus Korbgeflecht und am Heck bei Tage die deutsche Kriegsflagge mit Lootsenabzeichen. Nachts brennt vom Grossmast in 15,7 m Höhe über Wasser ein *rothes* festes Feuer von 7 Sm Sichtweite, den ganzen Horizont beleuchtend; dasselbe wird bei Seegang jedoch nur 12,6 m hoch aufgeheisst.

Bei nebeligem oder unsichtigem Wetter wird in Pausen von 2 min eine Minute lang mit der Schiffsglocke geläutet.

Das Feuerschiff „Minsener-Sand" kann an beiden Seiten passirt werden.

Das Feuerschiff „Genius-Bank", welches im Mai 1878 ausgelegt werden soll, liegt östlich dieser Bank zwischen den schwarzen Jade-Tonnen No. 15 und 16. Es ist einmastig, roth gestrichen und führt den Namen „Genius-Bank" in weissen Buchstaben auf beiden Seiten der Reling. Am Topp führt es eine Kugel aus Korbgeflecht und am Heck bei Tage die Deutsche Kriegsflagge mit Lootsenabzeichen. Nachts brennt am Mast in 11 m Höhe ein weisses festes Feuer von ca. 8 Sm Sichtweite, den ganzen Horizont beleuchtend.

Das Feuerschiff kann an beiden Seiten, muss jedoch von tiefgehenden Schiffen in nächster Nähe, passirt werden.

Die **BETONNUNG** der Jade ist nach folgendem System geregelt.

Es sind beim Einsegeln in das Wangerooger Fahrwasser zu lassen:

An St. B. die rothen stumpfen Tonnen, mit weissen grossen lateinischen Buchstaben (A. B. C. u. s. w.) in fortlaufender Reihenfolge gekennzeichnet.

An B. B. schwarze spitze Tonnen, mit weissen arabischen Zahlen (1. 2. 3. u. s. w.) ebenfalls in fortlaufender Reihenfolge gekennzeichnet.

Im nördlichen Fahrwasser sind beim Einsegeln die beiden an St. B. zu lassenden rothen Tonnen, Spierentonnen, mit grossen lateinischen Buchstaben A und B, dagegen die an B. B. bleibenden beiden schwarzen Spierentonnen mit den römischen Zahlen I und II bezeichnet.

In der Innenjade sollen, statt der bisherigen wenig sichtbaren rothen stumpfen Tonnen, Spierentonnen von rother Farbe mit einem Korb als Toppzeichen ausgelegt werden.

Mittefahrwassertonnen sind weisse spitze Tonnen, die in nächster Nähe passirt werden müssen, um Untiefen zu vermeiden.

Mittelgrundtonnen sind schwarze Tonnen mit rothen horizontalen Streifen. Sie sind von spitzer oder stumpfer Form mit oder ohne Toppzeichen und kennzeichnen den Anfang eines im Fahrwasser liegenden Mittelgrundes. Diese Tonnen können an beiden Seiten passirt werden; die beiden durch einen Mittelgrund gebildeten Arme des Fahrwassers sind an ihren Seiten nach der allgemeinen Regel betonnt.

Zur Kennzeichnung der Nebenfahrwasser sind Spierentonnen und Nebenfahrwassertonnen verwandt.

Einkommend sind zu lassen an St. B. Spierentonnen mit Körben an rother Stange.

Einkommend an B. B. Spierentonnen mit Flaggen oder Lederlappen an schwarzer Stange.

Die Nebenfahrwassertonnen sind stumpfe und spitze Tonnen, die je nach der Seite des Fahrwassers, auf welcher sie liegen, einen rothen resp. schwarzen Anstrich mit weissen horizontalen oder vertikalen Streifen oder Quadraten haben.

Wracktonnen sind grüne Tonnen mit Besen als Toppzeichen.

Einsegelung in die Jade bei Tage.
A. Durch das Wangerooger Fahrwasser.

Feuerschiff Weser — Feuerschiff Aussenjade. Hat man das Feuerschiff „Weser" nach der vorher gegebenen Anleitung angesteuert und aufgefunden, oder steuert man bei klarem Wetter südlich in Sicht dieses Feuerschiffes und ist nach der Jade bestimmt, so handelt es sich zunächst um Auffindung der als Ansegelungstonne ausgelegten Glockenboje. Dieselbe liegt auf 13 m Wassertiefe in der Linie „Feuerschiff Weser—Wangeroog-Leuchtthurm", 3,5 Sm von beiden Objekten entfernt.

Die Glockenboje ist eine roth- und schwarz horizontal gestreifte stumpfe Tonne mit dem Namen „Jade" in weisser Farbe; sie trägt ein eisernes Gerüst, auf welchem sich oben ein eiserner durchbrochener Korb befindet.

Der untere rothe Tonnenkörper schwimmt noch 1 m hoch über Wasser und ist auf seiner Mitte eine $^3/_4$m hohe Glocke befestigt. Von dem äusseren Rand der Tonne erheben sich vier eiserne, in 2 m Höhe über der Tonne sich vereinigende Träger, welche in ihrer Mitte durch einen Reif zusammengehalten werden, und hängen von dem oberen Vereinigungspunkt dieses in Pyramidenform erbauten Gerüstes vier 1,5 m lange Klöppel in Charnieren herunter, die bei etwas Seegang an die Glocke anschlagen. Ueber dem Gerüst ist auf einer eisernen Stange der $1^1/_4$m im Durchmesser fassende kugelförmige rothe Korb befestigt, so dass das ganze Gebäude 5 m über Wasser herausragt und ein weit sichtbares Seezeichen abgiebt.

Bei etwas Seegang sind die Glockenschläge bei Windstärke 5—6 auf 2 Kblg gegen den Wind, dagegen bis auf 1,2 Sm mit dem Winde gehört worden.

Um diese eben beschriebene Ansegelungstonne der Jade aufzufinden, steure man vom Feuerschiff „Weser" direkt auf den Wangeroog-Leuchtthurm zu. Der Kurs ist bei unsichtigem Wetter SzO, jedoch wird von dem Einsegeln in die Jade ohne Lootsen jedem Unbekannten abgerathen, wenn der Gesichtskreis nicht wenigstens 2—3 Sm beträgt.

Man findet vom Feuerschiff „Weser" aus, das in 23 m Wasser liegt, auf diesem Kurse zunächst nur sehr allmählich abnehmende Tiefen, etwa bis 21 m, feinen grauen Sand mit Muscheln; 0,7 Sm vor der Glockenboje jedoch wird das Wasser schnell flacher, und zwar findet man nun mit etwas Fahrt bei jedem Lothwurf schon 1 m weniger Wasser, bis man dicht bei der Glockenboje 15—16 m lothet. Bei der Glockenboje wird man schon die Tonne **A** der Jade sehen. Diese liegt in 13 m Wasser, und peilt man von ihrer Station die Glockenboje in N$^7/_8$W 1,3 Sm und den Wangeroog-Kirchthurm in SW$^3/_4$S, 2,2 Sm ab; sie ist roth, stumpf und trägt ein A in weisser Farbe auf einem rothen Flügel; ausserdem ein A und den Namen „Jade" in weisser Schrift auf dem Tonnenkopf. Die Tonne ist beim Einsegeln an St. B. zu lassen, und wird von hier aus das Einsegeln und das Auffinden der nächsten rothen Tonne insoweit sehr erleichtert, als alle folgenden beim Einsegeln an St. B. zu lassenden Tonnen bis incl. G (also in dem ganzen Wangerooger-Fahrwasser, mit Ausnahme von Tonne F) zur Zeit in einer Linie, und zwar in dem Kurse SOzO^1/$_8$O liegen. Drei Kabellängen Süd von der Tonne A erstreckt sich die 10m-Linie, von welcher ab die Wassertiefen nach Wangeroog zu sehr schnell abnehmen und nicht anzulothen sind.

Von der Glockenboje ab steure man den ursprünglichen Kurs SzO auf Tonne A weiter und lege erst 2—3 Kblg vor dieser Tonne Ruder St. B. und halte dann auf das Feuerschiff „Aussenjade" zu. Dasselbe liegt von hier ab kaum 6 Sm entfernt und ist der zu nehmende Kurs, falls der Gesichtskreis unsichtigen Wetters halber nicht so weit reicht, SOzO^1/$_2$O, bis man das Feuerschiff an B. B. in Sicht bekommt, wobei dann natürlich gut nach den an beiden Seiten zu passirenden Tonnen auszuschauen und bei langsamer Fahrt auch fernerhin das Loth zu gebrauchen ist. Alle Jade-Tonnen liegen, der grossen Panzerschiffe halber, auf der 10m-Grenze, und darf man mithin mit dem Loth nie weniger, wie diese Tiefe finden, um sicher zu sein, dass man sich noch im Hauptfahrwasser befindet.

Von dem obigen Wendepunkt bei Tonne A werden folgende Tonnen auf diesem Kurse passirt.

An Steuerbord:

Rothe stumpfe Tonne **B**, mit dem Namen „Jade" und dem Buchstaben B in weisser Schrift auf der Seite, liegt in 13m Wasser nahezu in dem Alignement: „Dünenbake in Wangeroog-Leuchtthurm,"[1]) 1,9 Sm von dem letzteren und NOzO^3/$_4$ 2,7 Sm von dem alten Kirchthurm auf Wangeroog entfernt. Bei dieser Tonne ist das Hauptfahrwasser der Jade sehr schmal, und zwar bis nach der an B. B. zu lassenden Tonne No. 2 kaum 3 Kblg breit.

Rothe stumpfe Tonne **C**, gekennzeichnet wie Tonne A, liegt in 14m Wasser 1 Sm von B; Wangeroog-Leuchtthurm SW^3/$_4$W 2 Sm, Wangeroog alter Kirchthurm WzS 3,3 Sm. Bei dieser Tonne ist grosse Vorsicht geboten, da Süd von ihr im Abstand von kaum 1 Kblg sich ein Steert von nur 5m Tiefe hinzieht.

Rothe stumpfe Tonne **D**, gekennzeichnet wie B, in 11m Wasser, ^{3}/$_4$ Sm von C entfernt; Wangeroog-Leuchtthurm WSW^1/$_2$W, Strand-Bake S^3/$_4$W. Südlich dieser Tonne D ist der Eingang in die zwischen Wangeroog und dem Minsener-Old-Oog hineinführende „Blaue Balje", und ist dieselbe durch Nebenfahrwassertonnen gekennzeichnet.

Rothe stumpfe Tonne **E**, gekennzeichnet wie A, in 11m Wasser; 0,7 Sm von D: Wangeroog-Leuchtthurm W^5/$_8$S, Minsener-Old-Oog-Bake SzO^5/$_8$O.

Rothe stumpfe Tonne **F**, wie B gekennzeichnet, in 14m Wasser; Minsener-Old-Oog-Bake S^3/$_4$W, Strand-Bake SWzW^1/$_4$W.

Von den Tonnen E und F liegt die 10m-Grenze nahezu 2 Kblg weit südlich. Wenn man auch also auf dieser Strecke nicht zu peinlich bei der Navigirung zu verfahren braucht, so ist dagegen wiederum 0,5 Sm hinter Tonne F grosse Vorsicht geboten, da hier die 10m-Grenze einen Knick nach dem Fahrwasser zu macht und die Ausläufer vom Minsener-Old-Oog-Sand bis hart an die Tonnenlinie F—G heranreichen.

An Backbord:

Zunächst seien hier vorweg erwähnt: die beiden schwarzen Spierentonnen I und II, welche 0,5 Sm nördlich der schwarzen Hauptfahrwasser-Tonnenlinie liegen und für kleinere Schiffe und Fahrzeuge bis zu 7m Tiefgang beim Kreuzen die nördliche resp. beim Einsegeln die an B. B. inne zu haltende Grenze bezeichnen; dieselben haben Lederlappen als Toppzeichen.

Spierentonne No. **I** liegt SOzO 1 Sm von der Glockenboje in 11,5m Wasser und hat die weisse Zahl I an der schwarzen Spiere.

---

[1]) Das Alignement, dessen Richtung NNO, führt weiter auf die Schlüsseltonne der Weser zu.

Spierentonne No. **II**, die Zahl II ebenfalls an der Spiere zeigend, liegt SOzO 2,4 Sm von der Glockenboje und 1,5 Sm von No. I entfernt in 10 m Wasser.

Die beiden obigen Tonnen sind, wie auch ihre Konstruktion bereits zeigt, nur Nebenfahrwassertonnen und kommen für grössere Schiffe, die den durch sie gekennzeichneten Richtweg nicht einschlagen, weniger in Betracht.

Im Hauptfahrwasser liegen demnächst:

Schwarze spitze Tonne No. **1**, mit dem Namen „Jade" in weisser Farbe, auf 12 m Wasser; Wangeroog-Leuchtthurm S^1/$_2$W, 2,4 Sm, Glockenboje NNW^3/$_4$W, 1,4 Sm. entfernt.

Schwarze spitze Tonne No. **2**, in 11,5 m Wasser; Wangeroog-Leuchtthurm SzW^3/$_4$W, 2,2 Sm. entfernt.

Schwarze spitze Tonne No. **3**, in 11 m Wasser; dieselbe bezeichnet mit der Tonne No. 2 die Südseite der sich hier am weitesten nach dem Wangeroog-Fahrwasser zu erstreckenden Jade-Plate; Wangeroog-Leuchtthurm SW^3/$_4$W, 2,4 Sm. entfernt.

Gleich hinter Tonne No. 3 erweitert sich das Fahrwasser bis zum Feuerschiff „Aussenjade" auf 0,7 Sm Breite.

Schwarze spitze Tonne No. **4**, in 11 m Wasser; Tonne No. 3 SWzW^1/$_2$W 0,5 Sm, Wangeroog-Leuchtthurm SW^7/$_8$W, 2,9 Sm. entfernt.

Schwarze spitze Tonne No. **5**, in 12 m Wasser; Minsener Old Oog-Bake Süd, 2^3/$_4$ Sm, Wangeroog-Leuchtthurm WzS, 3^3/$_4$ Sm. entfernt.

Unmittelbar hinter dieser Tonne zieht sich die 10 m-Linie hin und sollten Schiffe nördlich der Tonne No. 5 nicht passiren, da schon 1 Kblg davon auf der Jade-Plate Stellen von 7 m Wassertiefe sich befinden.

Das Feuerschiff „Aussenjade" liegt 1,3 Sm von Tonne No. 5 und bleibt bei dem von Tonne A an gegebenen Kurse an Backbord.

Feuerschiff Aussenjade bis Schillighörn. Nachdem das Feuerschiff „Aussenjade" passirt ist, muss man zunächst Kurs auf das 3,8 Sm entfernt liegende Feuerschiff „Minsener-Sand" zu nehmen, dasselbe jedoch zunächst noch etwas an St. B. voraushalten, bis Tonne J an St. B. passirt ist.

Bei trübem Wetter, wenn man das Feuerschiff „Minsener Sand" noch nicht gleich sehen sollte, ist der Kurs auf eine Entfernung von 1,5 Sm zunächst SzO^3/$_4$O; alsdann ist direkt auf das Feuerschiff „Minsener-Sand" zuzuhalten und dasselbe an B. B. zu passiren.

Das Fahrwasser wechselt auf dieser Strecke in seiner Tiefe zwischen 12 und 18 m und ist an seiner engsten Stelle zwischen den Tonnen H und No. 6, sowie zwischen J und der Süd-Mittelgrundtonne vom Minsener-Sand immer noch 0,5 Sm breit.

Die Tonnen, welche auf diesem Kurse passirt werden, sind folgende:

An Steuerbord:

Rothe stumpfe Tonne **G**, gekennzeichnet wie A, nahezu in Linie mit den rothen Tonnen A, B, C, D, E, in 13 m Wasser; Minsener-Old-Oog-Bake SW^3/$_8$S, 1,6 Sm, Minsener-Sand-Feuerschiff, SzO^7/$_8$O 3 Sm. entfernt.

Rothe stumpfe Tonne **H**, gekennzeichnet wie B, in 13 m Wasser; Minsener-Old-Oog-Bake SWzW^3/$_8$W 1,5 Sm, Minsener Sand-Feuerschiff SzO^1/$_2$O, 2,6 Sm. entfernt.

Zwischen den beiden Tonnen G und H erstreckt sich der Ausläufer vom Minsener-Old-Oog-Sand mit 5 und sogar 4 m Tiefe bis dicht an die Tonnenlinie, und dürfen daher von grösseren Schiffen diese Tonnen beim Einsegeln nie an B. B. gelassen werden.

Rothe stumpfe Tonne **J**, in 15 m Wasser; Minsener-Old-Oog-Bake W^1/$_2$N, 2,7 Sm, Minsener-Sand-Feuerschiff SzO^1/$_4$O, 1,5 Sm. entfernt.

Rothe stumpfe Tonne **K**, in 12 m Wasser; Minsener-Old-Oog-Bake NW^3/$_4$W, 2 Sm, Minsener-Sand-Feuerschiff SO^1/$_4$S, ^{3}/$_4$ Sm. entfernt.

Diese beiden Tonnen J und K liegen vor dem Ostende des vom Minsener-Old-Oog-Sand sich nach östlicher Richtung herausstreckenden Ausläufers.

An Backbord:

Die vier den Minsener-Sand kennzeichnenden Tonnen:
Nord-Mittelgrundtonne, spitz, schwarz- und roth horizontal gestreift, schwarze spitze Tonne No. **6**,
rothe stumpfe Tonne **G/H**[1]) (auf der Ostseite des Sandes), und
Süd-Mittelgrundtonne, wie die nördliche gekennzeichnet, nur mit einem Flügel oben.
Diese vier Tonnen sind bereits früher näher beschrieben. (s. S. 11 u. 12.)
Schwarze spitze Tonne No. **7**, in 12 m Wasser; Minsener-Sand-Feuerschiff SWzW^3/$_4$W, 0,7 Sm. entfernt. Diese Tonne bleibt beim Einsegeln auf dem Kurse von Feuerschiff zu Feuerschiff weit ab an B. B. liegen.

Vom Feuerschiff „Minsener-Sand" ist der Kurs SSW zu steuern, wobei Schillighörn-Leuchtthurm zunächst 2 Strich an St. B. gepeilt wird. Dieser Kurs zeigt zwischen Tonne L und No. 8 recht über Tonne N auf die Kirche von Sengwarden zu, welche letztere auf der Westseite einen Thurm trägt. Man thut bei trübem Wetter gut, diesen Kurs 4 Sm beizubehalten, wenigstens bis die Tonne N in Sicht ist; sodann ist Ruder St. B. zu legen und SSO zu steuern. Bei klarem, sichtigem Wetter kann man, sobald Schillighörn-Leuchtthurm in West gepeilt wird, den Kurs auf Süd ändern; man schneidet hierdurch eine Ecke ab. Dieser letzte Kurs Süd führt direkt auf Tonne P zu. Auf dem ersten Kurse SSW findet man nur Wassertiefen zwischen 15 m und 18 m, und es erweitert sich unmittelbar hinter der Tonne L das Hauptfahrwasser bis zu einer Breite von 1,7 Sm, welche Ausdehnung es dann bis Tonne O beibehält.

Die Tonnen, welche vom Feuerschiff „Minsener-Sand" an bis Schillighörn passirt werden, sind folgende:

An Steuerbord:

Rothe stumpfe Tonne **L**, hat ein kegelförmiges mit der Spitze nach unten gerichtetes Toppzeichen. Dieselbe liegt in 15 m Wasser; Minsener-Old-Oog-Bake NNW^7/$_8$W, Schillighörn-Leuchtthurm SW^1/$_4$W. Auf dem obigen Kurse wird Tonne L im Abstand von 3 Kblg passirt.

Rothe stumpfe Tonne **M**, in 16 m Wasser; dieselbe bleibt bei dem gegebenen Kurse jedoch 0,7 Sm ab und wird nur bei klarem Wetter zu sehen sein: Minsener-Old-Oog-Bake N^3/$_4$W, Schillighörn-Leuchtthurm SWzW^1/$_4$W.

Rothe stumpfe Tonne **N**, in 12 m Wasser; Mellum-Bake NOzO^3/$_4$O, Schillighörn-Leuchtthurm NWzN.

An Backbord:

Schwarze spitze Tonne No. **8**, in 13 m Wasser: Mellum-Bake SOzS, Schillighörn-Leuchtthurm WSW. Diese Tonne bleibt bei dem obigen Kurse SSW 0,5 Sm ab.

Schwarze spitze Tonne No. **9**, in 14 m Wasser: Mellum-Bake NOzO^3/$_4$O, Schillighörn-Leuchtthurm WNW^3/$_8$W.

Die Tonne No. 9 bleibt bei dem Kurse SSW ebenfalls 1 Sm weit an B. B. und wird nur bei ganz klarem Wetter zu sehen sein; sie liegt dicht unter der Alten Mellum und ist dieser Sand so steil, dass man 3 Kblg Ost von Tonne No. 9 nur 2 m Tiefe hat. Kreuzenden Schiffen wird deshalb hier grosse Vorsicht empfohlen.

Schillighörn bis Wilhelmshaven. Von dem vorherigen Kursänderungspunkt bei Tonne N auf SSO, bezw. etwas nördlich von Tonne N auf Süd werden weiter passirt:

An Steuerbord:

Rothe stumpfe Tonne **O**, in 13 m Wasser; Mellum-Bake NO, Schillighörn-Leuchtthurm NNW^1/$_4$W. Tonne O liegt SzO 1,2 Sm von Tonne N entfernt,

---

[1]) Es wird hier das als allgemeine Regel bei Anweisung für die Einsegelung Gesagte durchaus nicht durch das Passiren einer rothen stumpfen Tonne an B. B. umgestossen, denn diese rothe stumpfe Tonne G/H, welche allerdings beim Einsegeln an B. B. bleiben muss, liegt weit ausserhalb der schwarzen Tonnenlinie und gehört schon zur Betonnung eines anderen Fahrwassers, der sogenannten „Oestlichen Fahrt", siehe „Oestliche Fahrt", wo sie, wie die allgemeine Regel dann richtig besagt, beim Einsegeln an St. B. passirt werden muss.

und muss man von hier aus, falls die Tonne O dicht an St. B. passirt wird, weiter SSO^1/$_2$O steuern, um klar und doch andererseits nicht zu weit von Tonne P zu gehen.

Rothe stumpfe Tonne **P**, in 13 m Wasser; Mellum-Bake NNO^3/$_4$O, Schillighörn-Leuchtthurm NNW^1/$_4$W.

An Backbord:

Schwarze spitze Tonne No. **10**, in 12 m Wasser; Mellum-Bake NO^7/$_8$N, Schillighörn-Leuchtthurm NWzN. Bei dieser Tonne verengt sich das bis dahin breite Fahrwasser wieder bis auf 0,5 Sm Breite.

Von Tonne P an ist zunächst 2 Sm SOzS zu steuern, bis Tonne Q an St. B. passirt ist.

Von hier ab ist der Kurs SSO wieder aufzunehmen, und zwar 1 Sm weit, wobei alsdann Tonne R 4 Kblg entfernt an St. B. bleibt, und ist nun weiter, nachdem R passirt ist, S^1/$_2$O zu steuern, welcher Kurs auf das Feuerschiff „Genius-Bank" zu führt.

Die letzte Distanz beträgt noch ca. 2,5—3 Sm, und ist auf dieser Strecke, namentlich bei trübem Wetter, darauf zu achten, dass man durch den Fluthstrom nicht zu weit westlich gesetzt wird; daher ist es sicherer, bei Fluth lieber etwas östlicher, vielleicht SzO zunächst zu steuern, bis man die an B. B. befindliche schwarze Tonnenlinie in Sicht hat, und dann erst auf das nun ebenfalls in Sicht gekommene Feuerschiff „Genius-Bank" zu halten. Schiffe bis zu 7 m Tiefgang können jedoch, nachdem Tonne R in dem obigen Abstand von 4 Kblg passirt ist, gleich S^1/$_4$O herunter steuern und haben dann als Grenze an der St. B.-Seite die rothe Spierentonne T der Genius-Bank; von der letzteren führt der Kurs SzW auf die Wilhelmshavener Rhede.

Folgende Tonnen werden von der Tonne P bis zur Genius-Bank passirt.

An Steuerbord:

Rothe stumpfe Tonne **Q**, in 11,5 m Wasser; Hoheweg-Leuchtthurm NOzO, Schillighörn-Leuchtthurm NNW; westlich dieser Tonne Q befinden sich im Abstand von 2 Kblg Stellen von 9 und 8 m Wasser.

Rothe stumpfe Tonne **R**, in 12 m Wasser; Hoheweg-Leuchtthurm NO^1/$_8$O, Schillighörn-Leuchtthurm NNW^1/$_8$W. Auch bei dieser Tonne finden sich, ca. 2 Kblg West davon, Stellen von 8 m Wasser. Von Tonne R an liegen die nächsten rothen Tonnen S, T und die rothe Spierentonne T der Genius-Bank nahezu in Linie, und zwar S^1/$_2$O von einander.

Rothe stumpfe Tonne **S**, in 13 m Wasser; Wilhelmshaven-Kirche SSW^3/$_4$W, Sengwarden-Kirche W^1/$_2$N.

Zwei Kabellängen westlich von dieser Tonne befindet sich bereits die 6 m-Linie.

Rothe stumpfe Tonne **T**, mit einem kugelförmigen Korb als Toppzeichen, in 13 m Wasser; Sengwarden-Kirche WNW^1/$_2$W, Wilhelmshaven-Kirche SW^3/$_4$S.

Rothe Spierentonne **T**. Diese Tonne hat eine lange cylindrische Form, auf derselben ist ein Korb als Toppzeichen befestigt; sie liegt in 11 m Wasser; Wilhelmshaven-Kirche SW^1/$_2$S, Sengwarden-Kirche WNW.

An Backbord:

Schwarze spitze Tonne No. **11**, in 10 m Wasser; Hoheweg-Leuchtthurm NOzO^3/$_8$O, Schillighörn-Leuchtthurm NNW^7/$_8$W. Eine halbe Seemeile südlich dieser Tonne erweitert sich das Hauptfahrwasser wieder und ist dasselbe hier nahezu 1 Sm breit.

Schwarze spitze Tonne No. **12**, in 11 m Wasser; Sengwarden-Kirche WSW^5/$_8$W, Wilhelmshaven-Kirche SSW^1/$_3$W; 1,3 Sm von Tonne No. 11 entfernt.

Die schwarzen Tonnen No. 12, 13, 14 und 15 liegen in einer geraden Linie in der Richtung S^1/$_4$O von einander.

Schwarze spitze Tonne No. **13**, 1 Sm von Tonne No. 12, in 13 m Wasser; Sengwarden-Kirche W^1/$_4$S, Wilhelmshaven-Kirche SSW^3/$_4$W.

Schwarze spitze Tonne No. **14**, 0,7 Sm von Tonne No. 13, in 14 m Wasser; Sengwarden-Kirche W^1/$_2$N, Wilhelmshaven-Kirche SWzS.

Schwarze spitze Tonne No. **15**, 0,8 Sm von Tonne No. 14, in 12 m Wasser: Sengwarden-Kirche WNW$^5/_8$W, Wilhelmshaven-Kirche SW$^1/_2$S.

Oestlich von dieser Tonne steigt das Solthörner Watt steil an; man findet schon in der Entfernung von 1 Kblg östlich der Tonne nur 4 m Wassertiefe.

Das kleine einmastige Feuerschiff „Genius-Bank" wird nun in nächster Nähe passirt und ist von da an der Kurs SzW$^1/_2$W zu steuern, welcher bis zur Rhede von Wilhelmshaven führt. Die Tiefen auf diesem Kurse nehmen während der ersten Seemeile südlich von der Genius-Bank bis 16 m zu und bleiben dann zwischen 16 und 23 m bis zur Linie: Tonne Y—Tonne No. 18, von wo ab der letzte Theil des Fahrwassers allmählich abflacht.

Vom Feuerschiff „Genius-Bank" an werden passirt:

An Steuerbord:

Rothe stumpfe Tonne **U**, in 12 m Wasser; Sengwarden-Kirche NWzW$^1/_8$W, Wilhelmshaven-Kirche SW$^1/_8$W.

Rothe stumpfe Tonne **V**, 1 Sm von Tonne U, in 18 m Wasser; Sengwarden-Kirche NW$^1/_4$W, Wilhelmshaven-Kirche SW$^3/_4$W.

Rothe stumpfe Tonne **W**, in 13 m Wasser; Sengwarden-Kirche NW$^1/_4$N, Wilhelmshaven-Kirche SWzW$^1/_2$W.

Die Heppenser-Plate, welche sich bis dicht an die Tonnenlinie W—X heranzieht, fällt hier ganz steil ab und darf man unter keinen Umständen sich ausserhalb der Linie W—X begeben, da im Abstande von kaum 100 m von dieser Tonnenlinie aus die Tiefen steil von 18 m bis 6 m abflachen, und nur 80 m von der 6 m-Linie entfernt sich schon die 2 m-Grenze erstreckt.

Rothe stumpfe Tonne **X**, in 15 m Wasser; Insel Arngast SzW, Wilhelmshaven-Kirche W$^5/_8$S.

Roth und weiss vertikal gestreifte stumpfe Tonne **Y**, in 8,5 m Wasser; Insel Arngast SzW, Wilhelmshaven-Kirche W$^3/_4$N.

An Backbord:

Schwarze spitze Tonne No. **16**, in 9 m Wasser; Sengwarden-Kirche NW$^7/_8$W, Wilhelmshaven-Kirche SWzW.

Schwarze spitze Tonne No. **17**, in 13 m Wasser; Sengwarden-Kirche NW$^1/_4$N, Wilhelmshaven-Kirche WzS$^1/_8$S.

Schwarze spitze Tonne No. **18**, in 12 m Wasser; Sengwarden-Kirche NW$^3/_4$N, Wilhelmshaven-Kirche W$^1/_4$N.

Schwarze spitze Tonne No. **19**, in 10,5 m Wasser; Insel Arngast SSW, Wilhelmshaven-Kirche WNW.

Ferner bleiben zur Kennzeichnung des Schweinsrückens resp. des Marientiefs an B. B. die vier Nebenfahrwassertonnen:

Rothe stumpfe Tonne, mit schwarzen vertikalen Streifen, 2,5 Kblg SzW von Tonne Y, vor dem Nordende des Schweinsrückens auf der 10 m-Linie; Insel Arngast SzW, Wilhelmshaven Kirche WNW$^1/_2$W.

Zwischen ihr und Tonne Y ist die Passage von 7 m und 8 m Tiefe bei Niedrigwasser, um in den Moleneingang zu gelangen.

Die obige Tonne, sowie die nächsten drei, die Westseite des Schweinsrückens kennzeichnenden Nebenfahrwassertonnen (beschrieben unter Grenzen), sind von allen Schiffen und Fahrzeugen, welche in das Marientief einlaufen wollen, an B. B. zu lassen.

Der beste Ankerplatz auf der Rhede von Wilhelmshaven ist für grössere Schiffe rw Ost von Tonne Y. Hier ist auf 12—17 m überall guter Ankergrund.

Kleinere Schiffe und Fahrzeuge thun gut, sich bei allen westlichen Winden dichter unter Land in die Nähe der Tonne Y auf 8 und 9 m Wasser zu legen, jedoch müssen selbige so ankern, dass sie den Eingang zu den Molen nicht sperren, und bleiben deshalb am besten Nord von denselben. Die kleineren Schiffe finden ausserdem Schutz bei nördlichen Stürmen im Marientief.

Auf der Wilhelmshavener Rhede liegen zwischen dem Schweinsrücken und der schwarzen spitzen Jade-Tonne No. 19 noch sechs Tonnen ziemlich dicht bei einander, welche man einsegelnd, bei dem Kurse vom Genius-Bank-Feuerschiff an, recht voraus in Sicht erhält und die als Boote erscheinen.

Es sind dies:

Die **Rhedetonne**, eine rothe, stumpfe Tonne mit zwei weissen Streifen. Dieselbe liegt in 12,5 m Wasser in der Linie: roth-schwarze Tonne des Schweinsrückens in Tonne No. 19, 2,3 Kblg von letzterer entfernt und 8 Kblg rw Ost von den Molenköpfen.

Die **Deviationsboje**, mit ihren vier Schwingbojen.

Die Deviationsboje (Centralboje), eine grosse rothe Festmacher-(Moorings-) Boje liegt SSW, 2 Kblg von der Rhedetonne auf 11,5 m Wasser, in:

53° 30′ 44″ N-Br
8° 10′ 50″ O-Lg;

von ihr aus peilt man zur Bestimmung der Deviation: Stollhamm-Kirche in S 77° 12′ O, Wilhelmshaven-Kirche in N 63° 25′ W, Varelersiel-Leuchtthurm in S 13° 50′ W. Die Missweisung für April 1878 beträgt 14° 38′ West.

Da die Kirche von Stollhamm am weitesten entfernt liegt, so ist auch diese am geeignetsten zur Bestimmung der Deviation. Die geographische Position der Stollhamm-Kirche ist:

53° 30′ 55,89″ N-Br
8° 21′ 40,82″ O-Lg.

Das wahre Azimuth von der Central-Boje nach Stollhamm-Kirche ist rw N 88° 10′ 18,1″ O.

Die vier Schwingbojen, spitze rothe Tonnen, oben mit je einem grossen eisernen Ringe, liegen in einem Umkreise von 130 m Halbmesser um die Centralboje.

Oestliche Fahrt.

Die sogenannte **östliche Fahrt** ist das zwischen dem Minsener-Sand und der Alten Mellum hindurch führende Fahrwasser der Aussenjade von ca. 4 Sm Länge. Dasselbe ist zwar betonnt, hat auch hinreichend Wasser (nie unter 10 m), jedoch wird es wenig benutzt, und zwar, wenn es geschieht, fast nur von Fahrzeugen, die durch das nördliche Fahrwasser passiren.

Um, ausgehend vom Feuerschiff „Minsener-Sand" durch diese östliche Fahrt seewärts zu gehen, ist Folgendes zu beachten:

Von dem genannten Feuerschiff ist zunächst der Kurs NzO 2¼ Sm zu steuern, bis man sich in der Mitte zwischen den beiden Tonnen — rothe stumpfe Tonne G/H an B. B. und schwarze spitze Tonne 6/7 an St. B. — befindet. Feuerschiff „Bremen" wird alsdann O½S gepeilt; hierbei thut man gut, das Feuerschiff „Minsener-Sand" im Rücken ebenfalls in Peilung zu halten, um die Stromversetzung zu konstatiren. Vorher wird an B. B. schon die Süd-Mittelgrundtonne des Minsener-Sandes auf 3,5 Kblg Abstand passirt. Sowie man Feuerschiff „Bremen" O½S peilt, ist der Kurs von NzO auf NW¾N zu ändern, bis man in das Alignement: „Feuerschiff Aussenjade in Schillighörn-Leuchtthurm" gelangt, welches weiter durch das nördliche Fahrwasser führt. Auf dem Kurse NW¾N behält man Feuerschiff „Aussenjade" etwas an B. B. und führt der Kurs vorher in der Mitte zwischen den beiden Tonnen: Nord-Mittelgrundtonne des Minsener-Sandes an B. B. und schwarze spitze Tonne 5/6 an St. B. bis in das nördliche Fahrwasser hinein.

B. Durch das nördliche Fahrwasser.

Schiffe bis zu 7 m Tiefgang können auch durch das sogenannte nördliche Fahrwasser in die Jade gelangen. Dasselbe führt zwischen der Jade-Plate und dem Rothen Grund von der Weser nach der Aussenjade, ist 2,3 Sm lang und ca. 3 Kblg breit. Seine geringste Tiefe beträgt bei mittlerem Niedrigwasser Springzeit 7 m, und ist dasselbe durch vier Spierentonnen gekennzeichnet. Seitdem der Leuchtthurm auf Schillighörn errichtet ist, kann dieses Fahrwasser auch Nachts bei sichtigem Wetter passirt werden.

Hat man, von See kommend, nach der später zu gebenden Anweisung für die Einsegelung in die Weser, die Schlüsseltonnen passirt und ist in der

Weser bis zur schwarzen Spierentonne C (dieselbe trägt ein goldenes Kreuz als Toppzeichen) gelangt, so halte man Kurs direkt auf das Feuerschiff „Aussenjade" zu; derselbe ist SzW^1/$_3$W. Das Feuerschiff ist sodann an St. B. zu passiren, und befindet man sich nun in dem Fahrwasser Aussenjade, wo die weitere Direktion unter „Einsegelung durch das Wangerooger-Fahrwasser" gegeben ist.

Bei dem Kurse von Tonne C der Weser auf Feuerschiff „Aussenjade" zu, hat man den quer über das nördliche Fahrwasser setzenden Strom zu berücksichtigen und je bei Fluth- resp. Ebbstrom das Feuerschiff an B. B. resp. St. B. voraus zu halten; bei sichtigem Wetter führt auch die Richtungsmarke „Schillighörn-Leuchtthurm in Deckpeilung mit dem Feuerschiff Aussenjade" durch dieses Fahrwasser.

Mit dem Kurse SzW^1/$_3$W passirt man die vier Spierentonnen, wie folgt:

An Steuerbord:

Die rothe konisch geformte Spierentonne **A**, mit einem rothen cylinderförmigen Korbe an der rothen Spiere, 3 Kblg von der Weser-Tonne C entfernt, in 10m Wasser; Wangeroog - Leuchtthurm WSW^1/$_4$W, Feuerschiff „Aussenjade" SzW.

Rothe Spierentonne **B**, wie A geformt, mit einem rothen, liegenden Viereck als Toppzeichen, 1,2 Sm von Tonne A entfernt, in 14m Wasser; Wangeroog-Leuchtthurm W^3/$_4$S, Feuerschiff „Aussenjade" S^1/$_4$O.

An Backbord:

Schwarze Spierentonne **I** mit einem schwarzen Lederlappen als Toppzeichen, 4,5 Kblg von der Wesertonne C entfernt in 8,0m Wasser; Wangeroog-Leuchtthurm WSW^1/$_2$W, Feuerschiff „Aussenjade" SzW^3/$_4$W.

Schwarze Spierentonne **II**, wie I, in 15m Wasser; Wangeroog-Leuchtthurm W^1/$_2$S, Feuerschiff „Aussenjade" SSW^7/$_8$W.

Wohl zu beachten ist bei dem Steuern durch dieses nördliche Fahrwasser, dass man nicht ganz dicht an die B. B. (östliche) Tonnenseite herangehen darf, da der Rothe Grund in der Mitte zwischen den Tonnen I und II bis nahe an die Tonnenlinie und zwar ziemlich steil mit nur 5,0m Tiefe heranreicht.

Einsegelung in die Jade bei Nacht.

Durch das Wangerooger-Fahrwasser. Hat man das Feuerschiff „Weser", das durch seine drei sehr guten Feuer weit sichtbar und kenntlich ist, nach der gegebenen Direktion angesteuert, und ist das Wetter klar und sichtig, so ist selbst bei Nacht das Einsegeln in die Jade mit grossen Schwierigkeiten nicht verbunden.

Zunächst ist vom Feuerschiff „Weser" der Kurs SzO direkt auf das Drehfeuer von Wangeroog zu nehmen, hierbei aber die quer über den Kurs setzende Strömung mit zu berücksichtigen. Da in der Richtung: „Feuerschiff Weser—Wangeroog-Feuer" die Ansegelungstonne der Jade, die Glockenboje, liegt, so ist nach derselben gut Ausguck zu halten event. auf das Läuten der anschlagenden Glocke zu horchen. In der Nähe dieser Glockenboje, wenn nicht schon früher, muss bei sichtigem Wetter das Feuer vom Feuerschiff „Bremen" in Sicht kommen, und ist der obige Kurs SzO so lange beizubehalten, bis dasselbe sich etwas *links* vom Feuerschiff „Aussenjade" (letzteres führt zwei Feuer) befindet, sodann lege man Ruder hart St. B. Kurs SOzO^1/$_2$O auf Feuerschiff „Aussenjade" zu; behalte aber dabei stets das Feuerschiff „Bremen" etwas links von dem ersteren.

Tiefgehende Schiffe sollten schon etwas früher ihren Kurs östlich ändern, um nicht mit dem zu beschreibenden Bogen beim Drehen dem hier südlich von Tonne A steil anlaufenden Wangerooger Strande zu nahe zu kommen. Man geht frei von allen Tonnen, wenn man die Feuerschiffe bei ihrer jetzigen Lage in dem Winkel von 0° 53′ auseinander hält. Der Strom setzt in der Richtung der tiefen Fahrwasserrinne. Selbstverständlich ist hier mit tiefgehenden Schiffen bei langsamer Fahrt das Loth zu gebrauchen und nach Tonnen gut Ausguck zu halten.

Nachdem das Feuerschiff „Aussenjade" dicht an B. B. passirt ist, ist der Kurs zunächst SzO³/₄O, das Feuerschiff „Minsener-Sand" mit seinem rothen festen Feuer ein wenig an St. B. haltend, um von der rothen Tonne H klar zu gehen.

Das gleichfalls feste rothe Feuer von Schillighörn bleibt zunächst 2 bis 3 Strich an St. B. Tonne H ist passirt, sowie das Feuerschiff „Bremen" Ost gepeilt wird, und ist nun direkt auf Minsener-Sand-Feuerschiff zuzuhalten und dasselbe an B. B. zu passiren.

Vom Feuerschiff „Minsener Sand" ist Kurs SzW¹/₂W zu steuern, wobei das rothe Feuer von Schillighörn Anfangs 2 Strich an St. B. sich befindet, und ist jetzt von Neuem nach Wangeroog-Feuer auszuschauen und dasselbe im Auge zu behalten; dieser Kurs SzW¹/₂W ist so lange zu steuern, bis das rothe Feuer von Schillighörn plötzlich weiss erscheint; sofort lege man dann Ruder St. B. und steure SSO¹/₂O.

Den Moment des Lichtwechsels von Schillighörn-Feuer kann man bei langsamer Fahrt erwarten, sobald das Wangeroog-Feuer nahe in Deckung damit steht. Beide Feuer werden dann NNW¹/₂W gepeilt.

Ausserdem ist bei dem ersten Kurse SzW¹/₂W auf das Hoheweg-Feuer zu achten.

Verliert man das Feuer von Hoheweg (dasselbe verschwindet in O³/₄N) [1] bevor das rothe Feuer von Schillighörn in weiss umsetzt, so ist man zu östlich und muss westlich steuern, um der von der Alten Mellum sich heraus streckenden flachen Stelle nicht zu nahe zu kommen, bis das rothe Feuer von Schillighörn in weiss übergeht; alsdann steuert man wieder im weissen Sektor des Leitfeuers an den Kurs SSO¹/₂O.

Auf diesem Kurse ist, soweit angängig, Wangeroog-Feuer mit Schillighörn-Feuer in Deckung zu halten. Verschwindet das Leitfeuer, so ist man zu westlich, geht dasselbe in roth über, so ist man zu östlich. Dieser Kurs ist beizubehalten, bis das Hoheweg-Feuer in NO¹/₄O wieder in Sicht kommt; sodann ist der Kurs direkt auf das Feuerschiff der Genius-Bank hin zu nehmen und dasselbe in nächster Nähe zu passiren. Sowie dies letztere passirt ist, steuert man SzW¹/₂W in den weissen Sektor von Varelersiel-Feuer hinein, bis die schon auf ca. 5 Sm weit sichtbaren Molenfeuer von Wilhelmshaven in West gepeilt werden, und hat dann den Ankerplatz auf der Rhede von Wilhelmshaven erreicht.

Bei dem letzten Kurse SzW¹/₂W liegt die Möglichkeit vor, dass etwa auf der Wilhelmshavener Rhede vor Anker liegende Schiffe ab und zu das Varelersiel-Feuer verdecken. Jedoch kann man diese Schiffe resp. ihre Ankerlaterne, falls man Varelersiel-Feuer wirklich nicht sieht, als Vorausrichtung mit zur Hülfe nehmen und muss sich nur hüten, das Feuer von Varelersiel roth zu sehen, in welchem Falle man aus dem Hauptfahrwasser heraus und einer Seite zu nahe ist.

Welche Seite dies ist, resp. wie man das Ruder legen muss, um wieder in den weissen Sektor des Feuers hinein zu kommen, das ergiebt sich aus dem vorher gesteuerten Kurse. Auf jeden Fall ist dann sofort die Fahrt zu stoppen und das Loth zu gebrauchen.

Durch das Nördliche Fahrwasser. Die Einsegelung Nachts durch das nördliche Fahrwasser ist höchst einfach und wird nur etwas schwierig, ehe man, von See kommend, das Feuerschiff „Aussenjade" in Schillighörn-Feuer peilt. Da die Einsegelung durch das nördliche Fahrwasser von der Weser aus geschieht, so wird die Direktion hier vom Feuerschiff „Weser" angegeben.

Der Kurs SO²/₃O führt klar von allen Weser-Tonnen vom Feuerschiff „Weser" bis zu der Richtungslinie „Aussenjade-Feuerschiff in Schillighörn-Feuer". Bei einigermassen klarem Wetter kommt auf dem obigen Kurse SO²/₃O schon nach 2 Sm das Feuer von Feuerschiff „Bremen" in Sicht und muss dasselbe etwas an St. B. gehalten werden. Verwechselungen desselben mit dem Feuer vom Feuerschiff „Aussenjade" können nicht wohl stattfinden, da das letztere *zwei feste* Feuer führt, während vom Feuerschiff „Bremen" nur *ein* festes Feuer brennt. Auf keinen Fall darf man jedoch das Feuer vom Feuerschiff „Weser"

---

[1] Es ist zu bemerken, dass die hier und im Folgenden angenommene Einrichtung des Hoheweg-Leuchtfeuers erst im Laufe des Monats Mai 1878 zur Ausführung kommen soll.

im Rücken nördlicher wie NW½W peilen, weil man sonst zu südlich steht und leicht der Jade-Plate zu nahe kommt. Andererseits muss man sich hüten, dies Feuer westlicher wie NWzW zu bringen, weil hier der Rothe Sand flach anläuft. Das rothe feste Feuer von Schillighörn kommt auf dem gegebenen Kurse SO⅔O nach einer Fahrt von 7,5 Sm in SzW (also etwas rechts von den beiden Feuern des Aussenjade-Feuerschiff) zunächst in Sicht und ist zur Fluthzeit das Ruder hart B. B. zulegen, kurz bevor die beiden Feuer Aussenjade und Schillighörn in Deckung sind. Von hier aus steure man direkt auf das Feuerschiff „Aussenjade" zu, hierbei immer Schillighörn-Feuer damit in Deckung haltend. Sollte durch eine nothwendige Verlegung des Feuerschiffes „Aussenjade" das Alignement mit Schillighörn-Feuer für das Einsegeln nicht mehr ganz zutreffen, so dient jedenfalls das letztere doch mit als gute Richtungsmarke, um, neben dem Feuer von Aussenjade voraus gehalten, die Stromversetzung sofort zu ersehen und danach zu steuern. Die weitere Einsegelung Jade aufwärts siehe unter Nachteinsegelung in die Jade durch das Wangerooger-Fahrwasser.

Die Weser.

BESCHREIBUNG DES FAHRWASSERS UND DER GRENZEN. Die Weser, welche von Bremerhaven bis zur Schlüsseltonne im Fahrwasser eine Länge von 32 Sm hat, ergiesst sich durch zwei Mündungen in die Nordsee: die „Neue Weser" und die „Alte Weser".

Die Hauptmündung bildet jetzt die Neue Weser; dieselbe ist ziemlich breit, tief und sehr gut betonnt, während die Alte Weser, obgleich ebenfalls an der Westseite betonnt, nur ein Nebenfahrwasser bleibt, da sie zu viele Biegungen macht. Nur kleinere Fahrzeuge, welche von Osten kommen, oder nach dieser Richtung hin segeln wollen, wählen gewöhnlich diese Passage, da hierdurch die Distanz etwas gekürzt wird.

Die Weser behält von See aus bis eine Seemeile unterhalb Wremen im Hauptfahrwasser eine Tiefe von über 10 m bei Niedrigwasser, während von da aus bis Bremerhaven die Tiefen bis auf 5,0 m bei Niedrigwasser abnehmen. Da der mittlere Fluthwechsel bei Wremen jedoch ca 3 m beträgt, so können immer noch Schiffe bis zu 7,5 m Tiefgang, wenn sie eine halbe Stunde vor Hochwasser sich bei Wremen befinden, im östlichen Fahrwasser bequem die flachsten Stellen zwischen Wremen und Imsum, sowie zwischen Fedderwarden und Brinkama's-Hof mit der letzten Fluth nach Bremerhaven resp. Geestemünde passiren.

Was im vorigen Kapitel schon bei Beschreibung der Jade gesagt worden ist, gilt auch für die Weser, dass nämlich fast alle Sände und Watten, die an der Westseite des Fahrwassers liegen, ziemlich steil nach diesem abfallen, wie z. B. der Rothe Grund, die Alte Mellum, die Robbenplate, während die auf der Ostseite des Fahrwassers gelegenen Untiefen, wie der Rothe Sand und die Tegeler Plate ganz allmählich ansteigen. Eine Ausnahme hiervon macht nur das südliche Ende des auf der Ostseite befindlichen Wurster-Watts, welches steil nach dem Fahrwasser zu abfällt.

In welcher Weise die Weser mit der westlich von ihr hinlaufenden und angrenzenden Jade zusammenhängt, ist bereits bei Beschreibung der Jade angeführt, und sind dort die bestehenden Durchfahrten näher erwähnt.

Auf der Weser findet man einen guten Ankerplatz im Dwarsgat, wo die Tiefen zwischen 10 und 15 m betragen. Hier liegen die Schiffe geschützt gegen alle Winde, mit Ausnahme der westlichen (von NW durch W bis WSW). Bei diesen Winden findet man Schutz im Wurster-Fahrwasser unter der Robbenplate.

Das Fahrwasser der Weser ist bei der folgenden Beschreibung der Grenzen und der Anweisung für die Einsegelung in nachstehende Unterabtheilungen zerlegt:

„Neue Wesermündung bis Feuerschiff Bremen".
„Weser-Fahrwasser von Feuerschiff Bremen bis Hoheweg".
„Dwarsgat. Von Hoheweg bis zur Jungfern-Bake".
„Wurster-Fahrwasser von der Jungfern-Bake bis Wremen".
„Oestliche Fahrrinne von Wremen bis Bremerhaven am Wurster-Watt entlang".
„Wurster-Fahrwasser von Wremen am Lang-Lütjen-Sand entlang bis Bremerhaven".
„Fedderwarder-Fahrwasser von Hoheweg bis zu den Fedderwarder Deichbaken".
„Wremen-Fahrwasser" (Durchbruch zwischen Lang-Lütjen-Sand und Robbenplate).
„Alte Wesermündung".[1)]

[1)] Diese Abtheilungen entsprechen allerdings nicht ganz der fortlaufenden Betonnung, sind jedoch aus dem Grunde so gewählt, weil die Anweisung für die Einsegelung dann ununterbrochen in den jetzt besuchtesten Fahrwasser von See aus bis Bremerhaven fortgeht.

Grenzen. a. Westseite. Die Grenzen des Weser-Fahrwassers an der Westseite bilden von See aus:

Die „Jade-Plate"; bei „Grenzen der Jade" bereits eingehend beschrieben.

Der „Rothe Grund"; eine Untiefe, auf welcher an einigen Stellen nur 1,2 m Tiefe bei Niedrigwasser verbleibt. Wie derselbe, nach dem nördlichen Fahrwasser zu, sich gestaltet, ist bei Beschreibung der Jade ebenfalls schon erwähnt.

Nach dem Fahrwasser der Weser hin fällt der Rothe Grund steil ab und findet man 1 Kblg hinter der Tonnenlinie E bis F bereits Tiefen von nur 1,5 m. Querab vom Feuerschiff „Bremen" ist der Abstand bis zur 3 m-Linie hin wieder etwas grösser.

Die „Mellum-Plate". Dieser Sand liegt von der schwarzen Tonne H an bei Niedrigwasser trocken. Grössere Schiffe dürfen hier unter keinen Umständen sich ausserhalb der schwarzen Tonnen begeben, da dieselben ganz nahe am Sande liegen.

Die „Alte Mellum", oder von Hoheweg-Leuchtthurm an, „der Hoheweg" genannt, bleibt ziemlich steil abfallend bis nach Fedderwarden hin. Die letzte Strecke dieses Sandes von der Hoheweg-Balje an heisst das „Solthörner-Watt", durch welches noch ein bei Hochwasser passirbares Watt-Fahrwasser, das „Granaten-Gat", welches ebenfalls ausgepprickt ist, nach der Jade hinüberführt und dort als „Sengwarder-Balje" mündet.

„Das schmale Watt des Butjadingerlandes". Von Hoheweg an, wo das Fedderwarder-Fahrwasser in der von See kommenden Richtung der Weser weiter führt, während das Hauptfahrwasser in das Dwarsgat einbiegt und dann erst wieder die ursprüngliche Nord—Süd-Richtung annimmt, erstreckt sich zwischen diesen beiden Fahrwassern ein bei Niedrigwasser trocken fallender Sand: die sogenannte „Robben-Plate". Dieselbe ist in der Nord—Süd-Richtung 3 Sm lang und läuft nach Süden ganz spitz aus.

Im Dwarsgat, sowie im Wremen-Fahrwasser, also an seiner Nord- und Südseite, steigt dieser Sand ganz allmählich an; nach nordwestlicher Richtung schiebt sich zwischen das Fedderwarder-Fahrwasser und das Dwarsgat keilförmig ein Ausläufer mit 3—4 m Tiefe bis dicht an die rothe Spierentonne, welche die Rhede vor dem Dwarsgat bezeichnet.

Im Wurster-Fahrwasser streckt sich in der Richtung desselben zwischen der Robben-Plate und den schwarzen Tonnen des ersteren eine ganz schmale, aber ca 2,3 Sm lange Untiefe hin, auf der weniger als 2 m Wasser bleiben. Diese Untiefe beginnt 1 Kblg hinter Tonne W/F und zieht sich bis dicht oberhalb Tonne W/H hin. Man darf sich deshalb hier nicht ausserhalb der schwarzen Tonnenlinie begeben. Die grösste Breite dieser Untiefe beträgt 2 Kblg.

Der „Lang-Lütjen-Sand" fällt vollständig trocken. Nördlich des zwischen dem Lang-Lütjen-Sand und der Robben-Plate gelegenen kleinen Sandes, „Mittel-Plate" genannt, ist in den letzten Jahren durch Verschiebung der Sände eine Durchfahrt von dem Fedderwarder- nach dem Wurster-Fahrwasser entstanden, welche durch schwarze und weisse Tonnen gekennzeichnet ist (siehe „Wremen-Fahrwasser"). Dagegen ist die frühere Durchfahrt, südlich der Mittel-Plate, welche durch vier Stechbaken bezeichnet war, neuerdings versandet, und sind diese Baken daher eingenommen.

Oestlich des Lang-Lütjen-Sandes liegt zwischen dem Wurster-Fahrwasser und der östlichen Fahrrinne eine langgestreckte Untiefe, ebenfalls „Mittel-Plate" genannt. Dieselbe ist an ihrer breitesten Stelle 0,5 Sm breit und erstreckt sich von der querab von Wremen liegenden rothen Spierentonne nahezu 6 Sm, bis zu der etwas unterhalb des Kaiserhafens liegenden rothen spitzen Tonne. Die Wassertiefen betragen auf der flachsten Stelle der Mittel-Plate, gerade in der Mitte derselben, in einer durchlaufenden Breite von 2,5 Kblg unter 2 m bei Niedrigwasser, und nimmt von dieser 2 m-Grenze nach beiden Fahrwassern hin aufwärts die Tiefe zunächst schnell zu, während von der schwarzen Tonne W/O der östlichen Fahrrinne resp. der weissen Tonne W/11 des Wurster-Fahrwassers aufwärts die Tiefen von der 2 m-Grenze an nach beiden Seiten allmählich zunehmen.

b. **Ostseite.** Die Grenzen an der Ostseite der Weser bis Bremerhaven bilden:

Die „Norder-Gründe", deren bei Beschreibung der Segelung von „Helgoland nach Jade und Weser" bereits eingehende Erwähnung geschehen ist.

Der „Rothe Sand", zwischen der Neuen Weser und der Alten Weser. Auf demselben bleiben in einer Ausdehnung von 3 Sm in der Richtung NW—SO bei einer Breite von ca. 1,3 Sm nur Tiefen unter 6 m bei Niedrigwasser; jedoch erstreckt sich derselbe jetzt nicht mehr so weit nach Süden, wie in den früheren Jahren, da südlich von 53° 50,5′ N-Br zur Zeit zwischen beiden Wesermündungen bei Niedrigwasser keine Stelle unter 7 m Tiefe gefunden wird.

Die „Tegeler-Plate", auf welcher einige Stellen bei Niedrigwasser trocken fallen. Diese Untiefe erstreckt sich von der Alten Weser nach Süden zu, wo sie am Ever-Sand endet; Stellen derselben von nur 4 m Tiefe reichen bis 1,5 Kblg an die weissen Tonnen No. 6 und 8 heran, und findet man sogar in der Mitte zwischen den weissen Tonnen No. 5 und No. 6 eine Untiefe von nur 1 m Tiefe, die sich in Abstand von kaum 1 Kblg bis an diese Tonnenlinie hinzieht. Bei starken nördlichen Winden steht fast auf der ganzen Tegeler-Plate hohe Brandung, namentlich während des Niedrigwassers.

Der „Ever-Sand" ist nur bei Hochwasser unter Wasser und bietet, wie schon erwähnt, guten Schutz gegen alle nördlichen Winde. Auf diesem Sande stehen die drei zur Bezeichnung des Fahrwassers im Dwarsgat errichteten Baken, welche unter „Seezeichen" beschrieben werden. Südöstlich von den drei Baken ist der Einlauf in das Wattfahrwasser nach der Elbe zu.

Das „Wurster-Watt". Dasselbe zieht sich bis nach Bremerhaven hin, und ist zunächst von der Jungfern-Bake an durch weisse Tonnen und von Imsum aufwärts durch hohe Stechbaken gekennzeichnet.

Dieses ganze Watt fällt ziemlich steil, von Imsum an sogar ganz steil nach dem Fahrwasser ab, so dass auf der letzten Strecke vor Bremerhaven die dort befindlichen Stechbaken bei Niedrigwasser auf dem Schlickwatt stehen.

Vom Deich nach dem Fahrwasser zu übersteigt auf der zuletzt erwähnten Strecke die Breite dieses Watts nie 0,5 Sm, und es beträgt vor dem Kaiserhafen von Bremerhaven die ganze Entfernung vom Deich bis zur Wattgrenze nur 2 Kblg.

LEUCHTTHÜRME UND BAKEN. Für die Einsegelung in die Weser dienen ausser den auf der Insel Wangeroog befindlichen Thürmen und Baken, welche sämmtlich bei den Jade-Seezeichen genau beschrieben sind, an der Westseite des Fahrwassers noch die nachstehenden:

Der „Hoheweg-Leuchtthurm", in:

$$53° \ 42' \ 51'' \ \text{N-Br}$$
$$8° \ 14' \ 37'' \ \text{O-Lg};$$

derselbe ist auf einem bei Niedrigwasser 1,4 m hohen, schmalen Rücken des Sandes, etwa 1,5 Kblg von der Niedrigwasser-Grenze, erbaut. Er ist aus rothen Ziegeln im Rohbau aufgeführt. Die breite Basis ist bis 1,3 m über Hochwasser mit einer Steinböschung umgeben; 6,2 m über Hochwasser befindet sich ein Absatz mit eisernem Geländer. Von da ab erhebt sich der eigentliche Thurm, achteckig, mit dunkeler Kuppe, und beträgt seine ganze Höhe über dem Erdboden 33 m.

An der Ostseite des Thurmes befindet sich eine nach SO erstreckende, 34,7 m lange Brücke, an welche bei halber Fluth fast in jedem Wetter Boote anlegen können.

Auf dem Thurm ist eine Signal- und eine Telegraphen-Station, und werden alle passirenden Schiffe, wenn sie ihr Erkennungssignal und ihre Nationalflagge zeigen, nach Bremerhaven bezw. Bremen gemeldet.

Auf dem Hoheweg-Leuchtthurm brennen zwei Feuer:

a. Das Hauptfeuer, ein weisses festes Feuer 27 m über Hochwasser, von 16 Sm Sichtweite; dasselbe ist sichtbar zwischen den Peilungen $O^3/_4N$ über Ost durch Süd, West und Nord bis $NO^1/_4O$, wird also nur verdunkelt nach der Jade hin in dem kleinen Sektor von 3 Kompassstrichen, und zwar von $O^3/_4N$ bis $NO^1/_4O$.[1]

---

[1] Den Zweck dieses kleinen todten Winkels siehe unter: „Anweisung zur Einsegelung in die Jade bei Nacht".

Zur besseren Orientirung für die in die Weser einsegelnden Schiffe ist auf dem Thurm:

b. Ein weisses festes Feuer, 7,4 m über Hochwasser, von 7 Sm Sichtweite, errichtet. Dasselbe ist sichtbar zwischen den Peilungen SzO³/₄O über Süd bis WzN und leuchtet in der Richtung der rothen Rhedetonne roth.

Dieses Feuer verschwindet in der Peilung SzO³/₄O, wenn man der schwarzen Tonnenlinie in der Gegend der schwarzen Tonnen H und J zu nahe kommt, ebenso verschwindet es, so wie man im Dwarsgat zu südlich und an die Tonnenlinie W/A—W/B gelangt (in der Peilung WzN).

Im Wurster-Fahrwasser sind ferner noch die Laternen bei den beiden Forts auf Lang-Lütjen-Sand und bei der Batterie Brinkamerhof No. II sichtbar. Ob hier später wirkliche Leuchtfeuer brennen sollen, ist noch nicht bestimmt. Es wird daher hier die blosse Erwähnung dieser Feuer genügen, deren Position übrigens in der neuen Karte enthalten ist.

Im Fedderwarder-Fahrwasser sind sodann noch die beiden etwas nördlich vom Fedderwarder-Siel errichteten beiden Baken zu nennen.

Diese Baken sind 1871 neu erbaut, und bezeichnet die Richtungslinie: „Nördliche, sogenannte Vierecks-Bake — Hoheweg-Leuchtthurm" die Richtung, in welcher ein Telegraphenkabel liegt. Diese Bake ist aus Holz aufgeführt, 17 m hoch über Niedrigwasser, schwarz gemalt und trägt oben ein Viereck. Ihre genaue Position ist:

$$56° \ 36' \ 26'' \ \text{N-Br}$$
$$8° \ 21' \ 1'' \ \text{O-Lg.}$$

Die südliche der Baken, die „Kugelbake", ist ebenfalls aus Holz, von gleicher Höhe und Farbe, wie die vorige, und trägt als Toppzeichen eine Kugel; sie steht in:

$$56° \ 36' \ 20'' \ \text{N-Br}$$
$$8° \ 20' \ 57'' \ \text{O-Lg.}$$

Beide Baken in Linie gehalten, bezeichnen von Tonne S an die weitere Richtung in das Fedderwarder-Fahrwasser bis zur weissen Tonne No. 13; von da ab bezeichnen Stechbaken die Richtung des Fahrwassers.

An der Ostseite des Weser-Fahrwassers befinden sich folgende Baken und Thürme:

Die drei Ever-Sand-Baken. Dieselben sind auf dem Ever-Sand 1871 neu errichtet und dienen zur Einsegelung und Orientirung im Dwarsgat bezw. im Wurster-Fahrwasser. Die drei Baken bilden nahezu ein gleichseitiges Dreieck von ca einer Kblg Seitenlänge.

Die nördliche der Ever-Sand-Baken, die „Stundenglasbake", in:

$$53° \ 44' \ 8{,}7'' \ \text{N-Br}$$
$$8° \ 21' \ 30{,}8'' \ \text{O-Lg,}$$

ist ein Holzgerüst von 18 m Höhe, schwarz gestrichen, und trägt ein Toppzeichen in Form eines Stundenglases; der Fusspunkt der Bake hat eine Höhe von 2,6 m über Niedrigwasser.

Die westliche der drei Baken ist die „Mühlenbake", in:

$$53° \ 44' \ 7{,}2'' \ \text{N-Br}$$
$$8° \ 21' \ 21{,}2'' \ \text{O-Lg;}$$

dieselbe ist ebenfalls aus Holz, von gleicher Höhe und Farbe; dieselbe führt zur Unterscheidung von den beiden anderen Baken Windmühlenflügel als Toppzeichen. Der Fusspunkt der Bake steht 2,3 m über dem Niedrigwasser.

Die „Becherbake", die südliche der Ever-Sand-Baken, steht in:

$$53° \ 44' \ 2{,}8'' \ \text{N-Br}$$
$$8° \ 21' \ 30{,}3'' \ \text{O-Lg;}$$

sie hat dieselbe Höhe wie die beiden ersteren, ist ebenfalls aus Holz und schwarz gestrichen. Das Toppzeichen hat die Form eines mit der Spitze nach unten gerichteten Kegels, einem Becher ähnlich. Ihr Fusspunkt liegt nur 2,0 m über Niedrigwasser.

Die „Jungfern-Bake" auf dem Wurster-Watt, in:

$$53° \ 42' \ 56{,}6'' \ \text{N-Br}$$
$$8° \ 24' \ 32{,}3'' \ \text{O-Lg,}$$

dient zur Orientirung im Dwarsgat und Wurster-Fahrwasser.

Diese Bake, 1874 in obiger Position errichtet, besteht aus einem schwarz gestrichenen Holzgerüst von 20,5 m Höhe; als Toppzeichen trägt dieselbe ein mit der Spitze nach unten gerichtetes verlattetes Dreieck und darüber eine dicht verlattete Scheibe, die als Kugel erscheint. Der Fusspunkt der Bake steht auf der Niedrigwasser-Grenze.

Die Jungfern-Bake stand bis zum Jahre 1874 S½O 949 m von der jetzigen Stelle entfernt, und ist der Fuss der damals abgebrochen Bake durch drei Stechbaken, sowie durch eine Stange mit Korbkugel gekennzeichnet.

Der Leuchtthurm von Bremerhaven steht am neuen Hafen, an der Nordseite der Schleuse, etwa 185 m innerhalb des Einlaufs, in:

$$53°\ 32'\ 54''\ \text{N-Br}$$
$$8°\ 34'\ 12''\ \text{O-Lg,}$$

und ist 1855 erbaut.

Der Thurm ist viereckig, nach oben zu absatzweise sich verjüngend, aus rothen Ziegeln im Rohbau aufgeführt. An der Ost- und Nordseite befinden sich anstossende Gebäude.

Dieser Thurm war ursprünglich nur zum Trocknen für Schläuche erbaut und ist erst später zum Leuchtthurm hergerichtet.

Ein weisses festes Feuer, Spiegelapparat mit Gasflamme, brennt in 36,1 m über Hochwasser, ca 10 Sm weit nach allen Richtungen hin sichtbar.

Das „Bremerhaven-Feuer". An der Einfahrt in den alten Hafen und in die Geeste steht auf dem Kopf der nördlichen Mole ein rundes gelbes Thürmchen mit schwarzer Kuppe von 7,8 m Höhe.

In demselben brennt ein rothes festes Feuer, Gasflamme, Linsenapparat 6. Ordnung in 7,5 m Höhe über Hochwasser ca 6 Sm weit nach allen Richtungen sichtbar. In der Nähe des Thurms ist eine Rettungsstation.

Das „Geestemünde-Feuer". An der Einfahrt zur Geeste, auf dem südlichen Kai des Vorhafens, 18,8 m SO½O von dem Ende der Kaimauer entfernt, steht ein eisernes, pyramidenförmiges Gerüst mit Gallerie 6,2 m hoch, 1870 erbaut.

In demselben brennt in 8,5 m Höhe über Hochwasser ein grünes festes Feuer, Linsenapparat 6. Ordnung, ca 3 Sm weit sichtbar zwischen den Peilungen WzN über West, Süd und Ost bis NzO. Beim Einsegeln in den Hafen von Geestemünde muss dies Feuer an St. B. gehalten werden.

Bei nebeligem Wetter wird mit einer Glocke geläutet.

FEUERSCHIFFE. Vor der Mündung der „Neuen Weser" liegt das unter: „Von Helgoland nach Weser" beschriebene Feuerschiff „Weser".

Auf der Weser selbst ist seit 1853 das Feuerschiff „Bremen" in der Mitte des Fahrwassers, und zwar da, wo das letztere sich in die neue und alte Weser theilt, stationirt.

Dies Feuerschiff liegt auf 17 m Wasser, in:

$$53°\ 48{,}1'\ \text{N-Br}$$
$$8°\ 8{,}4'\ \text{O-Lg.}$$

Dasselbe ist zweimastig als Galiot getakelt, roth gemalt und führt in weissen Buchstaben auf beiden Seiten den Namen „Bremen". Im Vortopp befindet sich eine rothe Korbkugel von 2,3 m Durchmesser. Am Fockmast brennt in 11,6 m Höhe über Wasser Nachts ein weisses festes Feuer ca 10 Sm nach allen Richtungen hin sichtbar. Ausserdem führt das Feuerschiff eine Ankerlaterne, wie alle Jade- und Elb-Feuerschiffe.

Bei nebeligem Wetter wird von Zeit zu Zeit mit einer Glocke geläutet, oder ein Kanonenschuss abgefeuert.

Liegt das Schiff nicht auf seiner richtigen Station, so wird das Feuer nicht angezündet und die Kugel, wenn angängig, herunter genommen. Seine Station verlässt das Feuerschiff nur, wenn es durch höhere Gewalt, Eis etc., dazu gezwungen wird.

BETONNUNG. Die Betonnung der „Weser" ist eine sehr gute, und sind namentlich die eisernen hohen Spierentonnen schon in weiter Entfernung sichtbar.

Das System, nach welchem die Betonnung geregelt, ist folgendes:

Beim Einsegeln sind zu lassen: alle schwarzen Tonnen an St. B., die weissen Tonnen an B. B. Rothe spitze Tonnen dienen zur Kennzeichnung der Trennung eines Fahrwassers, und können demnach an beiden Seiten passirt werden. Ein Abweichen von diesem System findet nur in der „Neuen Weser" statt, woselbst, um diese möglichst genau von der Alten Weser-Mündung unterscheiden zu können, die zur Bezeichnung der St. B.-Seite dienenden Tonnen B, D, E und F rothe spitze Tonnen mit und ohne Toppzeichen sind.

Die rothe Spierentonne unfern des Hoheweg-Leuchtthurms (sogenannte Rhedetonne) erfüllt einen doppelten Zweck. Dieselbe dient sowohl zur Kennzeichnung der Trennung des Fahrwassers, als auch zur Bezeichnung der dortigen Rhede.

Die Form dieser Tonnen ist verschieden und wird bei „Anweisung für die Einsegelung" jede einzelne Tonne genau beschrieben werden.

Grüne Tonnen bezeichnen auch hier, wie überall, die Lage eines Wracks.

Einsegelung in die Weser.

Neue Wesermündung bis zum Feuerschiff „Bremen". Hat man das Feuerschiff „Weser" nach der bereits früher gegebenen Anleitung angesteuert, so ist von hier aus zunächst der Kurs $SO^2/_3O$ [1]) nach der „Neuen Weser" zu nehmen. Bei einigermaassen klarem Wetter wird man nach kurzem Verlauf sehr bald die Ansegelungstonne der Weser, die Schlüsseltonne, welche 4 Sm vom Feuerschiff entfernt liegt, an St. B. voraus sehen. Der Strom setzt hier genau in der Richtung des Fahrwassers. Man lothet auf obigem Kurse bis zur Ansegelungstonne hin zwischen 15 und 17 m Wassertiefe und passirt dieselbe dabei ca 0,5 Sm weit an St. B.

Die Schlüsseltonne liegt in der Richtung: „Dünenbake in Wangeroog-Leuchtthurm", 4,5 Sm vom Leuchtthurm entfernt, auf 16 m Wasser; ihre Position ist:

$$53° \ 52' \ \ 2'' \ N\text{-}Br$$
$$7° \ 54' \ 48'' \ O\text{-}Lg.$$

Das Seezeichen Schlüsseltonne wird durch zwei Tonnen (Doppeltonne), welche in der Richtung WNW und OSO eine Kabellänge weit von einander liegen, gebildet, und sind beide Tonnen mit Ballons und Schlüsseln auf ihren Spitzen versehen; beide sind schwarz und spitz; die östliche ist eine Bakentonne und 4,4 m, die westliche eine Spierentonne und 6,6 m über Wasser. Die Sichtweite der Schlüsseltonne beträgt ca 4 Sm.

Von der Schlüsseltonne ist der Kurs $SO^2/_3O$ weiter zu steuern bis zu der an St. B. bleibenden rothen Spierentonne D. Die Tonnen A, B, D, E liegen in Linie mit der Schlüsseltonne. Die Wassertiefen betragen bis zur rothen Tonne B ca 16 m, und wechseln von da ab bis Tonne D zwischen 15 und 13 m.

Von der Schlüsseltonne bis zum Feuerschiff „Bremen" werden folgende Tonnen passirt:

An Steuerbord:

Schwarze Spierentonne **A**, 6,6 m über Wasser, trägt auf ihrer Spitze eine vergoldete Birne. Sie liegt 1,7 Sm von der Schlüsseltonne in 17 m Wasser: Minsener-Old-Oog-Bake $S^5/_8O$, Wangeroog alter Kirchthurm $SWzW^1/_4W$.

Rothe Spitztonne **B**, 2,6 m über Wasser, mit dem weissen Buchstaben B an der Seite, trägt einen rothen Ballon als Toppzeichen. Sie liegt 1,5 Sm von der Spierentonne A entfernt in 16 m Wassertiefe: Minsener-Old-Oog-Bake $S^3/_4W$, Wangeroog-Leuchtthurm $SWzW^1/_4W$.

Schwarze Spierentonne **C**, 6,6 m über Wasser, trägt ein vergoldetes Kreuz als Toppzeichen. Dieselbe liegt 1 Sm von Tonne B entfernt in 14,5 m Wassertiefe: Minsener-Old-Oog-Bake $SzW^7/_8W$, Wangeroog-Leuchtthurm WSW.

Hinter dieser Tonne C liegt die nach der Jade führende Durchfahrt, das „Nördliche Fahrwasser", mit seinen vier Spierentonnen (bereits bei „Einsegelung in die Jade" erwähnt).

Rothe Spitztonne **D**, Form und Grösse wie Tonne B, liegt 1,3 Sm von Tonne C in 16 m Wassertiefe: Minsener-Old-Oog-Bake $SW^3/_4S$, Feuerschiff „Bremen" $SO^5/_8S$.

---

[1]) Die im Nachfolgenden gemachten Kursangaben sind sämmtlich missweisend; bei Befolgung derselben muss jedoch der Stromversetzung Rechnung getragen werden.

Mit dem obigen Kurse SO^2/$_8$O passirt man Tonne D 2 Kblg an St. B. und ist von hier ab bis nach Doppeltonne E der Kurs SO zu steuern. Die Wassertiefen bleiben zwischen 12 und 14 m.

Doppeltonne **E** besteht aus der rothen Spitztonne E, deren Form und Grösse wie B, und einer 30 m NNW von der ersteren liegenden schwarzen Spierentonne mit einem schwarzen Ballon als Toppzeichen. Tonne E liegt in 14 m Wassertiefe 1,5 Sm von Tonne D entfernt: Minsener-Old-Oog-Bake SWzW, Feuerschiff „Bremen" SSO^1/$_2$O.

Dicht bei dieser Tonne steigt der Rothe Grund ganz steil an.

Hat man mit dem Kurse SO die Doppeltonne E ca 2 Kblg an St. B. passirt, so kann man mit Kurs SSO^1/$_2$O direkt auf das Feuerschiff „Bremen" zu halten und lässt hierbei noch vorher an' St. B.:

Rothe Spitztonne **F** mit einem Doppelfähnchen als Toppzeichen, sonst wie Tonne B; dieselbe liegt in 10 m Wassertiefe 1,3 Sm vom Feuerschiff „Bremen": Minsener-Old-Oog-Bake WSW^1/$_4$W, Feuerschiff „Bremen" SO^7/$_8$S.

Die Tonne F liegt ziemlich nahe an dem Rande des Rothen Grundes; 1,3 Kblg westlich von ihr erstreckt sich bereits die 4 m-Grenze.

An Backbord:

Schwarze stumpfe Tonne **A** der Alten Weser, vor dem nordwestlichen Ausläufer des Rothen Sandes in 11,5 m Wassertiefe, 2,3 Sm von der Schlüsseltonne.

Weisse stumpfe Tonne No. **1**, mit der arabischen Zahl 1 auf dem Boden, 3,5 Sm von der Schlüsseltonne in 12,5 m Wasser: Wangeroog-Leuchtthurm SWzW, Minsener-Old-Oog-Bake SzW^1/$_8$W.

Weisse stumpfe Tonne No. **2**, mit einem Fähnchen als Toppzeichen, sonst wie Tonne No. 1, und 1,5 Sm von dieser in 10,5 m Wassertiefe: Wangeroog-Leuchtthurm WSW^1/$_8$W, Feuerschiff „Bremen" SSO^5/$_8$O.

Weisse stumpfe Tonne No. **3**, wie Tonne No. 1, 1,5 Sm von Tonne entfernt in 11,5 m Wasser: Minsener-Old-Oog-Bake SW^1/$_8$W, Feuerschiff „Bremen" SSO^1/$_8$O.

Weisse stumpfe Tonne No. **4**, wie Tonne No. 1, 1 Sm von Tonne No. 3 entfernt in 10 m Wassertiefe: Minsener-Old-Oog-Bake SWzW^1/$_4$W, Feuerschiff „Bremen" SzO^3/$_4$O.

Schwarze stumpfe Tonne **F** der Alten Weser, mit einem Fähnchen als Toppzeichen, 1,4 Sm vom Feuerschiff „Bremen" in 13,6 m Wassertiefe vor dem Südrande des Rothen Sandes. Das Feuerschiff „Bremen" peilt von dieser Tonne S^7/$_8$O.

Schliesslich wird noch an B. B. passirt die weisse stumpfe Tonne No. 3 der Alten Weser NO^3/$_4$O 8 Kblg vom Feuerschiff „Bremen" in 11 m Wassertiefe; dieselbe wird jedoch beim Kurs von der Doppeltonne E auf Feuerschiff „Bremen zu (SSO^1/$_2$O) über 0,7. Sm an B. B. bleiben.

Weser-Fahrwasser vom Feuerschiff „Bremen" bis Hoheweg. Vom Feuerschiff „Bremen" aus, das an beiden Seiten passirt werden kann, ist der Kurs bis Hoheweg SSO^1/$_4$O zu steuern, wobei der Leuchtthurm etwas an St. B. bleibt. Schiffe, die Nachts hier einsegeln, haben das untere Feuer von Hoheweg zu beobachten; dasselbe verschwindet, sowie man der schwarzen Tonnenlinie in der Gegend der Tonnen H und J zu nahe kommt (Peilung SzO^3/$_4$O, siehe Hoheweg-Leuchtthurm).

Die Tiefen bleiben auf diesem Kurse bis Tonne L stets über 15 m und wechseln von da ab bis Hoheweg zwischen 15 und 12 m.

Vorsicht ist hier nach beiden Seiten hin geboten, da dicht bei der schwarzen Tonnenlinie sich die Alte Mellum, dagegen dicht bei den weissen Tonnen die „Tegeler-Plate" erstreckt. Die erstere steigt bei der schwarzen Spierentonne L ganz steil an, und es wird im Abstand von kaum 1 Kblg westlich von der letzteren nur noch 1 m Wasser gefunden; ebenso erstreckt sich auf der anderen Seite des Fahrwassers, zwischen den weissen stumpfen Tonnen No. 5 und No. 6, die Tegeler-Plate mit nur 1 m Wasser bis auf 1 Kblg an die weisse Tonnenlinie heran.

Vom Feuerschiff „Bremen" ab werden bis Hoheweg-Leuchtthurm folgende Tonnen passirt:

An Steuerbord:

Schwarze Spierentonne **G** mit dem Buchstaben G an der Spitze. Die Tonne ist 6,6 m über Wasser, liegt 4 Kblg vom Feuerschiff „Bremen" in 14 m Wassertiefe: Minsener-Old-Oog-Bake West, Feuerschiff „Bremen" NNO.

Schwarze stumpfe Tonne **H**, 1,4 Sm vom Feuerschiff „Bremen" in 16 m Wassertiefe: Feuerschiff „Minsener-Sand" WSW^5/$_8$W, Feuerschiff „Bremen" N^7/$_8$W.

Schwarze Spierentonne **J**, mit dem Buchstaben J an einer Stange, 1,3 Sm von der Tonne H in 14 m Wassertiefe: Mellum-Bake SW^1/$_8$W, Hoheweg-Leuchtthurm SSO^1/$_8$O.

Schwarze stumpfe Tonne **K**, 3 Sm von Hoheweg-Leuchtthurm in 16 m Wassertiefe: Mellum-Bake SWzW^3/$_8$W, Hoheweg-Leuchtthurm SzO^3/$_4$O.

Die letzten drei Tonnen H, J und K liegen in Linie.

Schwarze Spierentonne **L**, mit dem Buchstaben L als Toppzeichen, 2 Sm vom Hoheweg-Leuchtthurm in 10,5 m Wassertiefe: Mellum-Bake WzS^1/$_8$S, Hoheweg-Leuchtthurm SzO^1/$_2$O.

Der bei Tonne L schnell abnehmenden Wassertiefen halber, darf man unter keinen Umständen sich hier ausserhalb der schwarzen Tonnenlinie begeben.

Schwarze stumpfe Tonne **M**, 1,1 Sm vom Leuchtthurm in 11 m Wasser: Mellum-Bake W^1/$_8$N, Hoheweg-Leuchtthurm S^1/$_2$O.

An Backbord:

Weisse stumpfe Tonne No. **4**, SO^3/$_4$O 1 Sm vom Feuerschiff „Bremen" in 15 m Wassertiefe: Hoheweg-Leuchtthurm SzO^3/$_8$O.

Weisse stumpfe Tonne No. **5**, mit einem Fähnchen als Toppzeichen, 1,7 Sm von Tonne No. 4 in 11 m Wasser: Mellum-Bake SW^3/$_8$W, Hoheweg-Leuchtthurm S^7/$_8$O.

Weisse stumpfe Tonne No. **6**, 3 Sm vom Hoheweg-Leuchtthurm in 10 m Wasser: Mellum-Bake SWzW^3/$_4$W, Hoheweg-Leuchtthurm S^1/$_2$O.

Weisse stumpfe Tonne No. **7**, 2 Sm vom Hoheweg-Leuchtthurm in 12 m Wasser: Mellum-Bake WzS, Hoheweg-Leuchtthurm S^3/$_4$W.

Schliesslich wird hier noch gleich die bei dem späteren Kurse SOzO^1/$_2$O an B. B. bleibende weisse stumpfe Tonne No. **8** aufgeführt; dieselbe liegt 1,7 Sm vom Hoheweg-Leuchtthurm in 11 m Wasser: Mühlen-Bake OSO^1/$_4$O, Hoheweg-Leuchtthurm SW.

Dwarsgat. Von Hoheweg bis zur Jungfernbake. Bei Hoheweg-Leuchtthurm macht das Hauptfahrwasser der Weser eine Biegung nach Osten und heisst bis zur Jungfern-Bake hin „Dwarsgat".

Den vom Feuerschiff „Bremen" an gegebenen Kurs SSO^1/$_4$O steuert man entweder bis die schwarze stumpfe Tonne M querab an St. B. ist (wird bei diesem Kurse auf ca 4 Kblg Abstand passirt), und hält dann SOzO^1/$_2$O direkt auf die Jungfern-Bake zu, — hierdurch wird die Distanz etwas gekürzt, — oder — und dies ist anzurathen, wenn die Schiffe abzugebender Signale halber näher am Leuchtthurme passiren wollen — man hält den Kurs SSO^1/$_4$O weiter, bis Hoheweg-Leuchtthurm in SSW gepeilt wird, und steuert alsdann OSO^1/$_2$O. Der letztere Kurs führt in die Mitte zwischen die Ever-Sand-Baken und die Jungfern-Bake, und passirt man die rothe Rhedetonne des Dwarsgats nur 1,5 Kblg an St. B. Hierbei ist jedoch auf den Strom zu achten, weil die Fluth im Dwarsgat nach SO auf die Robben-Plate zu setzt.

Sobald die Stundenglas-Bake (östliche) und Becher-Bake (südliche der Ever-Sand-Baken) in eins gepeilt werden, hat man mit Kurs SOzO^1/$_2$O auf die Jungfern-Bake zuzuhalten.

Die Wassertiefen im Dwarsgat wechseln zwischen 10 und 16 m, und finden Schiffe hier einen geschützten Ankerplatz gegen alle Winde mit Ausnahme der westlichen von NW durch W bis WSW. In der Nähe der rothen Rhedetonne halten sich meistens Schleppdampfer auf, event. wird auf gemachtes Signal vom Hoheweg-Leuchtthurm sofort ein solcher per Telegraph dorthin gerufen.

Im Dwarsgat werden passirt:

An Steuerbord:

Die Rhedetonne, eine rothe Spierentonne, 5m hoch über Wasser, welche auf ihrer Spitze an einer einen Meter langen Stange ein rothes Fähnchen trägt, in welchem ein W sich befindet. Diese Tonne liegt ein wenig südlich von der Linie: „Hoheweg-Leuchtthurm—Becher-Bake", 1,5 Sm vom Leuchtthurm in 7m Wasser und wird von ihr aus die Jungfern-Bake OSO^1/$_4$O gepeilt.

Die schwarze Spierentonne **W/A**; dieselbe trägt an ihrer Spitze ein A, 1,5 Sm von der Mühlen-Bake in 10m Wasser: Hoheweg-Leuchtthurm WzN, Mühlen-Bake NOzO^1/$_4$O.

Schwarze stumpfe Tonne **W/B**, in 8m Wasser: Hoheweg-Leuchtthurm WzN, Mühlen-Bake NO^1/$_2$N.

Schwarze Spierentonne **W/C**, in 7m Wasser, mit dem Buchstaben C an der Spitze; sie liegt in der Richtungslinie: „Becher-Bake—Stundenglas-Bake", welche Linie gleichzeitig über die an B. B. bleibende weisse stumpfe Tonne W/2 führt. Hoheweg-Leuchtthurm peilt von Tonne W/C aus WzN und liegt nahezu in Linie mit Tonne W/A und W/B. Bei Tonne W/C erstreckt sich im Abstand von nur einer Kabellänge bereits die 4m-Linie, und dürfen tiefgehende Schiffe deshalb weder Tonne W/C, noch die nächste Tonne W/D beim Einsegeln an B. B. passiren.

Schwarze Spierentonne **W/D**, mit dem Buchstaben D an der Spitze, 1,1 Sm von der Jungfern-Bake, in 7m Wasser: Stundenglas-Bake NzW^1/$_4$W, Jungfern-Bake OSO^1/$_2$O.

Die Tonne W/D liegt vor dem NO-Rande der Robben-Plate; das Fahrwasser macht von hier eine Biegung nach Süden.

Westlich von Tonne W/D liegt im Abstand von 1,5 Kblg, in der Richtung auf den Hoheweg-Leuchtthurm zu, eine grüne Wracktonne mit Besen in 5,6m Wasser, welche die Stelle des daselbst gesunkenen Dampfers „Ems" bezeichnet. Von dieser Wracktonne peilt man: Stundenglas-Bake N^3/$_4$W, Jungfern-Bake OSO^1/$_2$O.

An Backbord:

Die schon bei dem Kurse vom Feuerschiff „Bremen" auf Hoheweg-Leuchtthurm zu beschriebene weisse stumpfe Tonne No. **8**.

Die Doppeladler-Tonne, eine weisse spitze Tonne, 2m über Wasser, trägt auf ihrer Spitze einen vergoldeten Doppeladler; desgleichen befinden sich an den Seiten zwei schwarze Doppeladler. Die Tonne liegt 2,3 Sm von Hoheweg-Leuchtthurm in 8m Wasser: Becher-Bake OzS, Hoheweg-Leuchtthurm WSW^3/$_4$W.

Eine Kabellänge nördlich von dieser Tonne erstreckt sich die 6m-Linie.

Die Doppelkreuz-Tonne, eine weisse spitze Tonne, in ihrer Form wie die Doppeladler-Tonne, trägt ein vergoldetes Doppelkreuz an ihrer Spitze und an den Seiten schwarze Doppelkreuze. Dieselbe liegt in 8m Wasser in der Linie: „Hoheweg-Leuchtthurm—Stundenglas-Bake", und wird von ihr aus die Jungfern-Bake SOzO^1/$_4$O gepeilt. Von dieser Doppelkreuz-Tonne kann man zwar auf die nächste an B. B. bleibende Tonne W/1 zu halten, jedoch wird hierbei grosse Vorsicht empfohlen, da die Tiefen längs der weissen Tonnenlinie sehr ungleichmässig sind und der Grund stellenweise sehr steil aufsteigt.

Weisse stumpfe Tonne **W/1**, ca 8 Kblg von der Mühlen-Bake in 7,5m Wasser: Mühlen-Bake NOzO, Jungfern-Bake SOzO^1/$_4$O.

Fünf Kabellängen weiter folgt die weisse stumpfe Tonne **W/2**, dieselbe liegt in der Richtung: „Becher-Bake—Stundenglas-Bake" in 7m Wasser, und peilt man von ihr aus die Jungfern-Bake SOzO.

Von dieser Tonne W/2 liegt 6 Kblg entfernt die weisse stumpfe Tonne **W/3** in 9m Wasser: Becher-Bake NNW^1/$_4$W, Jungfern-Bake SO^3/$_4$O.

Wurster-Fahrwasser von der Jungfern-Bake bis Wremen. Nachdem die weisse Tonne W/3 an B. B. passirt ist, kann man den Kurs allmählich nach Süden hin ändern, und ist dann, sowie die vorhin beschriebene schwarze Spierentonne W/3 an St. B. passirt ist, SzO^1/$_4$O zu steuern. Dieser Kurs führt direkt auf die querab von Wremen liegende rothe Spierentonne zu, woselbst vom Wurster-Fahrwasser aus die sogenannte „Oestliche Fahrrinne" längs dem Wurster-Watt beginnt.

Die Wassertiefen nehmen hier von 15 m, welche noch querab von der Jungfern-Bake gefunden werden, langsam bis auf 6 m ab.

Auf dieser Strecke ist es nicht rathsam, beim Kreuzen über die weisse Tonnenlinie hinaus zu gehen, da die Tiefen nach dem Wurster-Watt hin sehr schnell abnehmen. So tritt an die weisse Tonne W/6 bis auf nur eine Kabellänge Abstand schon das Watt heran und die 2 m-Grenze zieht sich dicht an derselben vorbei.

Auf dieser ganzen Strecke des Wurster-Fahrwassers ist guter Ankergrund, und muss bei diesigem Wetter deshalb gut Ausguck nach den etwa hier vor Anker liegenden Schiffen gehalten werden, welche letztere bei ungünstigem Winde den mitsetzenden Strom abwarten, um weiter nach See kreuzen zu können.

Die Tonnen, welche bei dem zu steuernden Kurse SzO¼O passirt werden, sind folgende:

An Steuerbord:

Schwarze Spierentonne **W/E**, mit dem Buchstaben E an der Spitze, 1 Sm von der Jungfern-Bake in 6 m Wassertiefe: Stundenglas-Bake NzW¾W, Jungfern-Bake NO¼N.

Schwarze stumpfe Tonne **W/F**, ¾ Sm von Tonne W/E, in 5 m Wassertiefe, und zwar an der Nordspitze der zwischen der Robben-Plate und dem Wurster-Watt in nord—südlicher Richtung sich erstreckenden Untiefe: Wremen-Kirchthurm SO¼S, Jungfern-Bake NzO⅛O.

Nur 0,5 Kblg westlich von Tonne W/F erstreckt sich bereits die 2 m-Grenze.

Schwarze stumpfe Tonne **W/G**, 1 Sm von Tonne W/F, in 6 m Wassertiefe: Wremen-Kirchthurm SO½O, Jungfern-Bake N¼O.

Auch westlich von dieser Tonne erstreckt sich im Abstande von nur 1 Kblg bereits die 2 m-Grenze.

Schwarze stumpfe Tonne **W/H**, in 8 m Wasser: Wremen-Kirchthurm SOzO½O, Jungfern-Bake Nord.

Die 2 m-Grenze liegt ca 1,5 Kblg West von derselben.

Schwarze stumpfe Tonne **W/J** liegt nahezu querab von Wremen in 6 m Wasser: Wremen-Kirchthurm OzS, Imsum-Kirchthurm SO½S.

Dann folgt, wenn man die längs dem Wurster-Watt führende Oestliche Fahrrinne einschlagen will[1]), an St. B. weiter:

Eine rothe Spierentonne mit einem rothen Ballon als Toppzeichen. Dieselbe kennzeichnet die Abzweigung der Oestlichen Fahrrinne von dem Wurster-Fahrwasser; sie liegt ca 1 Sm von der Tonne W/J in 5 m Wassertiefe: Wremen-Kirchthurm ONO¾O, Imsum-Kirchthurm SO⅛S.

Zwischen dieser Tonne und der Tonne W/J mündet auch das sogenannte „Wremen-Fahrwasser", welches zwischen der Robben-Plate und dem Lang-Lütjen-Sand nach dem Fedderwarder-Fahrwasser hindurch führt.

An Backbord:

Weisse stumpfe Tonne **W/3A**, 1 Sm von der weissen stumpfen Tonne W/3, in 10 m Wasser, querab von der Jungfern-Bake und nur 5 Kblg von derselben entfernt: Becher-Bake und Mühlen-Bake nahezu in Linie, und zwar NNW½W, Jungfern-Bake in O¾N.

Weisse stumpfe Tonne **W/4**, ca ¾ Sm von Tonne W/3A, in 10 m Wassertiefe: Jungfern-Bake NzO½O, Wremen-Kirchthurm SOzS.

Zwischen der Tonne W/3A und Tonne W/4 steht auf dem trocken fallenden Watt (im Abstande von ca 4 Kblg von Tonne W/4) der Fuss der früheren Jungfern-Bake.

---

[1]) Dies Fahrwasser ist gegenwärtig das am meisten frequentirte, um nach Bremerhaven zu gelangen.

Das bei Niedrigwasser trocken fallende Wurster-Watt tritt an die Tonne W/4, sowie an die nächsten an B. B. zu lassenden weissen Tonnen bis auf die geringe Entfernung von nur 100 und 200m heran, und wird deshalb beim Kreuzen hier die grösste Vorsicht empfohlen.

Weisse stumpfe Tonne **W/5**, 1 Sm von Tonne W/4 in 7m Wassertiefe: Jungfern-Bake in Nord, Wremen-Kirchthurm in SO^1/$_2$S.

Weisse stumpfe Tonne **W/6**, ca 1 Sm von Tonne W/5 in 6m Wasser: Jungfern-Bake N^1/$_4$W, Wremen-Kirchthurm nahe SO^1/$_4$O.

Weisse stumpfe Tonne **W/7**, in Linie mit den vorher beschriebenen weissen Tonnen W/5 und W/6, ca 1 Sm von der letzteren entfernt, in 6m Wasser: Jungfern-Bake in N^1/$_2$W, Wremen-Kirchthurm in OSO.

Weisse stumpfe Tonne **W/8**, 1 Sm von der weissen Tonne W/7 in 5,5m Wasser: Jungfern-Bake N^3/$_4$W, Wremen-Kirchthurm Ost.

Oestliche Fahrrinne.

Von Wremen bis Bremerhaven, am Wurster-Watt entlang. Hat man mit dem von der Jungfern-Bake an gegebenen Kurse SzO^1/$_4$O die querab von Wremen liegende rothe Spierentonne an St. B. passirt, so ist zunächst SSO zu steuern. Diesen Kurs behält man 2 Sm bei, bis die schwarze stumpfe Tonne W/N der Oestlichen Fahrrinne an St. B. passirt ist; demnächst steure man wieder SzO^1/$_4$O, welcher Kurs bis zur Bremerhaven-Rhede führt.

Von der rothen Tonne an passirt man mit dem Kurse SSO zwischen den schwarzen, an St. B. zu lassenden Tonnen W/L und W/M zunächst eine flache Stelle mit nur 5,5m bei Niedrigwasser, deren Ausdehnung ca 0,5 Sm beträgt.

Von Tonne W/M an nehmen die Wassertiefen zwar wieder bis zu 8m und 9m zu und auch der von Tonne W/L an zu steuernde Kurs SzO^1/$_4$O führt über Tiefen von mehr als 6m, jedoch liegt zwischen Imsum und Brinkama-Hof, bei der schwarzen Tonne W/P, die flachste Stelle der Weser, auf der bei Niedrigwasser stellenweise nur 5m Wasser bleiben. Diese flache Stelle erstreckt sich bis beinahe zur schwarzen Tonne W/Q, hat also eine Ausdehnung von über 0,5 Sm. Schiffe von grösserem Tiefgang, nach Bremerhaven oder Geestemünde bestimmt, thun daher unter allen Umständen gut, sich so einzurichten, dass sie die ganze Oestliche Fahrrinne erst in der letzten Stunde der Fluth passiren. Auch dürfen solche Schiffe auf der flachsten Stelle zwischen den Tonnen W/P und W/Q sich nicht zu sehr der schwarzen Tonnenlinie nähern, da die Tiefen an dieser Seite des Fahrwassers geringer sind, als an der anderen, wo die hohen Stechbaken stehen. Nachdem Tonne W/Q passirt ist, nehmen auf dem Kurse SzO^1/$_4$O die Wassertiefen wieder allmählich bis auf 7 und 8m zu und werden, südlich der Tonne W/T, auf der Bremerhavener-Rhede überall über 10m Wasser gefunden.

Der beste Ankerplatz auf der Rhede ist zwischen der Einfahrt zum neuen Hafen (an welcher der Bremerhaven-Leuchtthurm steht) und der Einfahrt zum alten Hafen resp. der Geeste; jedoch dürfen die Schiffe nicht allzu dicht unter den resp. Einfahrten selber ankern, da hierduch die Passage gehemmt wird.

In der Oestlichen Fahrrinne werden folgende Tonnen passirt:

An Steuerbord:

Schwarze stumpfe Tonne **W/L**, 4 Kblg von der rothen Tonne, in 5m Wasser: Wremen-Kirchthurm ONO, Imsum-Kirchthurm SO.

Schwarze stumpfe Tonne **W/M**, 0,7 Sm von Tonne W/L, in 5,7m Wasser: Wremen-Kirchthurm NO^1/$_4$O, Imsum-Kirchthurm OSO.

Die folgenden schwarzen Tonnen der Oestlichen Fahrrinne liegen alle an der Ostseite der das Wurster-Fahrwasser von der Ersteren trennenden Untiefe (der Mittel-Plate).

Schwarze stumpfe Tonne **W/N**, 0,7 Sm von Tonne W/M; dieselbe liegt ca 1 Sm von Imsum in 4m Wasser: Wremen-Kirchthurm NNO^1/$_2$O, Imsum-Kirchthurm O^3/$_4$N.

Dicht bei dieser Tonne erstreckt sich westlich von ihr im Abstande von nur ca 70m bereits die 2m-Grenze.

Schwarze Spierentonne **W/O**, mit dem Buchstaben O an der Spitze, 0,7 Sm von Tonne W/N, in 4,5 m Wasser: Imsum-Kirchthurm NOzN, Bremerhaven Leuchtthurm SSO.

Diese Tonne liegt ebenfalls dicht an der 2 m-Grenze.

Schwarze stumpfe Tonne **W/P**, ca 1 Sm von Tonne W/O, in 4,5 m Wasser: Imsum-Kirchthurm NzO$^1/_4$O, Bremerhaven-Leuchtthurm SSO$^1/_8$O.

Hier bleibt die 2 m-Grenze 1 Kblg von der Tonne entfernt.

Schwarze stumpfe Tonne **W/Q**, ca 0,7 Sm von Tonne W/P, an der 4 m-Grenze: Bremerhaven-Leuchtthurm SSO$^7/_8$O, Blexen-Kirchthurm S$^3/_4$W.

Schwarze stumpfe Tonne **W/R**, 0,7 Sm von Tonne W/Q, in 6 m Wasser: Bremerhaven-Leuchtthurm SOzS, Blexen-Kirchthurm SSW.

Tonne W/R liegt vor dem SO-Ende der Mittel-Plate.

Die nächste, an St. B. zu lassende rothe spitze Tonne kennzeichnet die südliche Abzweigung des Wurster-Fahrwassers von der Oestlichen Fahrrinne. Dieselbe liegt ca 0,9 Sm von Tonne W/R in 4,9 m Wasser: Bremerhaven-Kirchthurm SOzO$^3/_8$O, Blexen-Kirchthurm SW$^1/_8$W.

Schwarze stumpfe Tonne **W/T**, in 5 m Wasser: Bremerhaven-Leuchtthurm OSO$^3/_4$O, Blexen-Kirchthurm SW$^3/_4$W.

An Backbord:

Weisse stumpfe Tonne **W/9**, ca 1 Sm von Tonne W/8, in 4,5 m Wasser: Wremen-Kirchthurm NO$^3/_4$O, Imsum-Kirchthurm SO.

Oestlich von dieser Tonne liegt im Abstande von 1,5 Kblg ein halb versandetes Wrack auf dem Wurster-Watt.

Weisse stumpfe Tonne **W/10**, in 5 m Wasser: Wremen-Kirchthurm NNO$^1/_4$O, Imsum-Kirchthurm O$^1/_2$S.

Von hier ab ist bis Bremerhaven hin die Ebbelinie des Schlickwatts durch zehn, sehr hohe Stechbaken bezeichnet, welche an ihrer Spitze Besen tragen und in Abständen von ungefähr 4 Kblg von einander ausgesteckt sind.

Wurster-Fahrwasser.

Von Wremen bis Bremerhaven, am Lang-Lütjen-Sand entlang. Wollen Schiffe von Wremen ab, statt der eben als Einsegelung beschriebenen Oestlichen Fahrrinne, hingegen das Wurster-Fahrwasser unter dem Lang-Lütjen-Sand benutzen, so ist die querab von Wremen liegende rothe Spierentonne mit rothem Ballon alsdann an B. B. zu lassen und von derselben S$^3/_4$O zu steuern. Dieser Kurs führt frei fast durch das ganze Wurster-Fahrwasser nahezu auf das Fort Lang-Lütjen-Sand No. I zu. Nachdem die schwarze stumpfe Tonne W/Q an St. B. passirt ist, steuert man nun SO$^1/_4$S, wobei der Bremerhaven-Leuchtthurm ein wenig an B. B. voraus gepeilt wird. Dieser letztere Kurs führt klar auf die Rhede von Bremerhaven.

Man passirt in diesem Theil des Wurster-Fahrwassers mit dem ersten Kurse, gleich nachdem die rothe Tonne an B. B. geblieben ist, eine flache Stelle von ca 3 Kblg Ausdehnung, auf welcher stellenweise nur 4,5 m bei Niedrigwasser bleiben. Alsdann nehmen die Tiefen, sobald die schwarze stumpfe Tonne W/L der Oestlichen Fahrrinne an B. B. passirt ist, sofort wieder zu, und man lothet über 8 m, bis das Fort Lang-Lütjen-Sand No. II[1]) an B. B. querab sich befindet. Jetzt verringern sich auf einer Strecke von ca 0,7 Sm die Wassertiefen wieder bis zu 5 m und bleibt man auch mit dem letzten Kurse SO$^1/_4$S später nur noch in 4 und 5 m Wasser. Erst nachdem die rothe Spitztonne, bei welcher unterhalb Bremerhaven das Fahrwasser sich theilt, an B. B. passirt ist, findet man wieder tieferes Wasser.

Die Tonnen, welche in diesem Theil des Wurster-Fahrwassers, von Wremen an, passirt werden, sind folgende:

---

[1]) Das erste Fort, welches, von See kommend, passirt wird.

An Steuerbord:

Schwarze stumpfe Tonne **W/K**, liegt ca 0,7 Sm von Tonne W/J, in 8,5 m Wasser: Imsum-Kirchthurm $SO^1/_4O$, Wremen-Kirchthurm $O^1/_4N$.

Nur 1,5 Kblg von dieser Tonne erstreckt sich der bei Niedrigwasser trocken fallende Lang-Lütjen-Sand.

Schwarze stumpfe Tonne **W/L**, ca 1 Sm von Tonne W/K, in 6,5 m Wasser: Wremen-Kirchthurm $NOzO^3/_4O$, Imsum-Kirchthurm $SOzO^1/_2O$.

An diese Tonne tritt der Lang-Lütjen-Sand bis auf 100 m Entfernung heran.

Schwarze stumpfe Tonne **W/M**, 1 Sm von Tonne W/L, in 5 m Wasser: Imsum-Kirchthurm $O^1/_2S$, Wremen-Kirchthurm $NO^1/_4N$.

Schwarze stumpfe Tonne **W/N**, ca 0,7 Sm von Tonne W/M, in 6 m Wasser: Imsum-Kirchthurm $NOzO^3/_4O$, Blexen-Kirchthurm $S^3/_4O$.

Schwarze stumpfe Tonne **W/O**, 0,7 Sm von Tonne W/N, in 8 m Wasser: Imsum-Kirchthurm NO, Blexen-Kirchthurm SzO.

Von den Tonnen W/N und W/O liegt der Rand des Lang-Lütjen-Sand bei Niedrigwasser nur ca 1 Kblg entfernt.

Schwarze stumpfe Tonne **W/P** ist querab vom Fort Lang-Lütjen-Sand No. II und 0,7 Sm von Tonne W/O, in 5,6 m Wasser: Imsum-Kirchthurm $NNO^1/_2O$, Blexen-Kirchthurm SzO.

Schwarze stumpfe Tonne **W/Q**, 0,7 Sm von Tonne W/P, in 6 m Wasser: Bremerhaven-Leuchtthurm SO, Blexen-Kirchthurm $S^3/_4O$.

Schwarze stumpfe Tonne **W/R**, ca 0,5 Sm von Tonne W/Q, querab vom Fort Lang-Lütjen-Sand No. I, in 8 m Wasser: Bremerhaven-Leuchtthurm $SO^1/_2O$, Blexen-Kirchthurm Süd.

Schwarze stumpfe Tonne **W/S**, ca 0,5 Sm von Tonne W/R, in 5,5 m Wasser: Bremerhaven-Leuchtthurm SOzO, Blexen-Kirchthurm $SzW^1/_4W$.

Schwarze stumpfe Tonne **W/T**; derselben ist bereits bei der Oestlichen Fahrrinne Erwähnung gethan.

An Backbord:

Die bereits erwähnte rothe Spierentonne mit Ballon.

Weisse stumpfe Tonne **W/9**, liegt ca 1 Sm von der rothen Scheidetonne, in 9 m Wasser: Wremen-Kirchthurm $NO^3/_4O$, Imsum-Kirchthurm $SOzO^1/_2O$.

Weisse stumpfe Tonne **W/10**, in 6 m Wasser: Wremen-Kirchthurm $NNO^1/_2O$, Imsum-Kirchthurm $NOzO^3/_4O$.

Oestlich dieser Tonne erhebt sich die Mittel-Plate sehr steil.

Weisse stumpfe Tonne **W/11**, 0,7 Sm von Tonne W/10, in 6 m Wasser: Imsum-Kirchthurm NOzN, Bremerhaven-Leuchtthurm $SSO^1/_2O$.

Bei dieser Tonne hat das Wurster-Fahrwasser querüber nach der vorhin an St. B. zu lassenden schwarzen Spierentonne W/O eine Breite von 2,5 Kblg und verengt sich von hier ab noch mehr.

Weisse stumpfe Tonne **W/12**, 7 Kblg von Tonne W/11, in 5,5 m Wasser: Imsum-Kirchthurm $NNO^1/_4O$, Bremerhaven-Leuchtthurm $SO^1/_2S$.

Von dieser Tonne liegt die schwarze, an St. B. bleibende Tonne W/P ca 3 Kblg entfernt.

Weisse stumpfe Tonne **W/13**, 2 Kblg von der an St. B. zu lassenden schwarzen Tonne W/Q, in 5 m Wasser: Imsum-Kirchthurm $NzO^1/_2O$, Bremerhaven-Leuchtthurm $SO^1/_4S$.

Diese Tonne liegt kaum 100 m von der 2 m-Grenze entfernt, und erstreckt sich die letztere von der Tonne ab jetzt weiter parallel dem von da ab zu steuernden Kurse $SO^1/_4S$ bis zu der nächsten und letzten an B. B. bleibenden weissen Tonne W/14 hin.

Weisse stumpfe Tonne **W/14**, ca 1 Sm von Tonne W/13, in 5 m Wasser: Bremerhaven-Leuchtthurm $SO^1/_2O$, Blexen-Kirchthurm $SzW^1/_2W$.

Die rothe spitze Tonne, welche die Einfahrt zur Oestlichen Fahrrinne kennzeichnet, liegt 4,5 Kblg von Tonne W/14. Sobald die schwarze stumpfe Tonne W/T an St. B. passirt ist, steure man mit SSO-Kurs auf die Rhede von Bremerhaven.

Auf der Rhede befinden sich an der Westseite noch vier schwarze stumpfe Tonnen, welche die Grenze des Fahrwassers nach Blexen zu bezeichnen.

Dieselben liegen auf der 6m-Grenze in Abständen von ca 4 Kblg von einander. Querab von Geestendorf-Kirche, und zwar W³/₄N 8,5 Kblg von derselben, ist die Deviationsboje, eine grosse rothe Kesseltonne, ausgelegt.

Vor dem neuen, sowie vor dem alten Hafen von Bremerhaven liegt je eine kleine rothe spitze Tonne, welche von grösseren Schiffen beim Einlaufen an B. B. zu lassen ist. Ausserdem befindet sich noch eine dritte kleine rothe spitze Tonne ein wenig oberhalb der Geeste-Mündung. Diese drei rothen spitzen Tonnen liegen jedoch nur während der Sommermonate aus und dienen zur Bezeichnung der Rhede von Bremerhaven resp. Geestemünde. Schiffe dürfen östlich der durch diese Tonnen gebildeten Linie nicht ankern.

Fedderwarder-Fahrwasser.

Von Hoheweg-Leuchtthurm bis zu den Fedderwarder-Deichbaken. Schiffe und Fahrzeuge, welche die Weser einkommend von Hoheweg-Leuchtthurm in das Fedderwarder-Fahrwasser einlaufen wollen, steuern den vom Feuerschiff „Bremen" gegebenen Kurs SSO¹/₄O zunächst weiter, wobei Hoheweg-Leuchtthurm an St. B. und die querab davon gelegene rothe Rhedetonne 0,5 Sm an B. B. gelassen wird.

Dieser Kurs führt auf die weisse stumpfe Tonne No. 9 des Fedderwarder-Fahrwassers zu, welche an B. B. bleibt und es ist, sobald die schwarze spitze, oben mit einem Flügel versehene Tonne R an St. B. passirt ist, zunächst Süd zu steuern, bis die schwarze stumpfe Tonne S an St. B. querab gepeilt wird.

Alsdann führt der Kurs SW¹/₂S bis zur schwarzen Tonne T und von da ab SW in der Richtung der beiden Deichbaken (welche auf dem Fedderwarder-Groden stehen) auf Fedderwarder-Siel zu.

Die letzte schwarze Tonne U muss dicht an St. B. passirt werden. Von der an B. B. bleibenden weissen stumpfen Tonne No. 13 an, welche ca 3 Kblg von Tonne U liegt, wird das Fahrwasser sehr schmal und ist durch Stechbaken bezeichnet.

Die Wassertiefe in dem Fedderwarder-Fahrwasser beträgt bis zur schwarzen Spitztonne R über 10m und können Schiffe bis zu 7m Tiefgang mit der Fluth bis zum Fedderwarder-Siel gelangen, woselbst der beste Ankerplatz etwas südlich des Siels ist.

Von Hoheweg-Leuchtthurm an werden der Reihenfolge nach im Fedderwarder-Fahrwasser passirt.

An Steuerbord:

Schwarze stumpfe Tonne **N**, 1,6 Sm südlich von Hoheweg-Leuchtthurm in 10m Wasser: Hoheweg-Leuchtthurm NW, Jungfern-Bake O¹/₂S.

Schwarze stumpfe Tonne **O**, in 6m Wasser: Hoheweg-Leuchtthurm NW⁵/₈N, Jungfern-Bake O¹/₂N.

Schwarze stumpfe Tonne **P**, liegt ca 1,4 Sm von Tonne O in 9m Wasser: Hoheweg-Leuchtthurm NW⁷/₈N, Jungfern-Bake NOzO¹/₂O.

Von Tonne P liegt zwar die 6m-Grenze noch 1,5 Kblg entfernt, jedoch fällt schon 100m davon das Solthörner-Watt bei Niedrigwasser trocken.

Schwarze stumpfe Tonne **Q**, 1 Sm von Tonne P in 9m Wasser: Hoheweg-Leuchtthurm NW³/₄N, Jungfern-Bake NO¹/₈O.

Schwarze spitze Tonne **R**, mit einem Flügel als Toppzeichen, 1 Sm von Tonne Q in 10m Wasser: Hoheweg-Leuchtthurm NWzN, Jungfern-Bake NOzN.-

Zwischen dieser Tonne und der Tonne Q mündet das Wremen-Fahrwasser.

Schwarze stumpfe Tonne **S**, ca 0,5 Sm von Tonne R in 5m Wasser: Langwarden-Kirchthurm SWzW¹/₂W, Imsum-Kirchthurm SOzO¹/₄O.

Schwarze stumpfe Tonne **T**, 6,5 Kblg von Tonne S in 6,5m Wasser: Langwarden-Kirchthurm WSW, Imsum-Kirchthurm SOzO⁷/₈O.

Schwarze stumpfe Tonne **U**, 4 Kblg von Tonne T in 6m Wasser: Langwarden-Kirchthurm WSW¹/₂W, Imsum-Kirchthurm OSO¹/₄O.

An Backbord:

Die erste im Fedderwarder-Fahrwasser an B. B. zu lassende Tonne liegt erst im Abstande 4,5 Sm von Hoheweg-Leuchtthurm. Es ist dies die:

Weisse stumpfe Tonne No. **9**, in 10 m Wasser, 0,5 Sm von der schwarzen Tonne P: Hoheweg-Leuchtthurm NW^1/$_2$N, Jungfern-Bake NOzO.

Weisse stumpfe Tonne No. **10**, 2 Kblg West von der zum Wremen-Fahrwasser gehörigen schwarzen hölzernen Spierentonne A in 6 m Wasser: Hoheweg-Leuchtthurm NW^1/$_2$N, Jungfern-Bake NO^1/$_2$N.

Weisse stumpfe Tonne No. **11**, 1,6 Sm von der Tonne No. 10 in 6 m Wasser: Hoheweg-Leuchtthurm NNW^1/$_2$W, Wremen-Kirchthurm O^1/$_4$S.

Weisse stumpfe Tonne No. **12**, ca 0,5 Sm von Tonne No. 11 in 4 m Wasser: Langwarden-Kirchthurm WSW^1/$_2$W, Imsum-Kirchthurm OSO.

Weisse stumpfe Tonne No. **13**, in 4,2 m Wasser: Langwarden-Kirchthurm WzS, Imsum-Kirchthurm OSO^1/$_2$O.

Von Fedderwarder-Siel an macht die weitere durch Stechbaken markirte Fahrrinne nach Blexen zu einen Bogen nach SO, zwischen dem Lang-Lütjen-Sand und dem Butjadingerland hindurch. Fahrzeuge bis zu 5 m Tiefgang können mit Hochwasser jedoch nur bis Burhave gelangen, da ca 1,5 Sm von diesem Ort bis Blexen hin bei Niedrigwasser die Rinne trocken fällt.

Die Kutter des Vermessungs-Fahrzeuges[1]) vermochten nur mit der letzten Fluth diese letztere Strecke zu passiren, um die Bremerhaven-Rhede zu erreichen.

Wremen-Fahrwasser.

Zwischen dem Lang-Lütjen-Sand und der Robben-Plate befindet sich ein Durchbruch von 2 Sm Länge, welcher das Fedderwarder- mit dem Wurster-Fahrwasser verbindet. Die geringste Tiefe dieses kleinen Fahrwassers beträgt augenblicklich 4,3 m bei Niedrigwasser und ist dasselbe durch fünf hölzerne Tonnen gekennzeichnet, von welchen, einkommend vom Fedderwarder-Fahrwasser, an St. B. drei schwarze, an B. B. zwei weisse Tonnen passirt werden. Letztere haben einen schmalen rothen Streifen in der Nähe des Tonnenbodens. Der Kurs ist, von der ersten schwarzen hölzernen Tonne **A** dieses Fahrwassers, — dieselbe liegt 2 Kblg O^1/$_2$S von der weissen stumpfen Tonne No. 10 des Fedderwarder-Fahrwassers, — zunächst 0,7 Sm OSO auf Wremen-Kirchthurm zu. Dieser Kurs führt dicht bei der an B. B. zu lassenden weissen Tonne No. **1**, — dieselbe liegt ca 6,5 Kblg von der Tonne A entfernt, — vorüber. Nachdem die weisse Tonne No. 1 ca 1 Kblg achteraus ist, hält man mit dem Kurs SO auf die bereits mehrfach erwähnte rothe Spierentonne mit Ballon zu. Von dieser Tonne aus kann man in dem einen der beiden genannten Fahrwasser weiter steuern. Mit dem letzten Kurse SO wird der Kirchthurm von Imsum ein klein wenig an St. B. voraus gepeilt, und werden nahezu 1 Sm nach der letzten Kursänderung die weisse Tonne No. **2** an B. B. und unmittelbar darauf die schwarze Tonne **C** an St. B. passirt.

Die beiden letzteren Tonnen liegen 3 Kblg von einander entfernt.

Die zweite an St. B. bleibende schwarze Tonne **B** liegt 1,5 Kblg südsüdwestlich von der weissen Tonne No. 1.

Der grossen Veränderungen halber, welchen das Wremen-Fahrwasser stetig unterworfen ist, und welche ein häufiges Verlegen der hier ausgelegten Seezeichen bedingen, wird von den genaueren Positionsangaben der fünf eben erwähnten Tonnen abgesehen.

Alte Wesermündung. Die Alte Wesermündung, welche vor Jahren das einzige Fahrwasser war, um in die Weser zu gelangen, hat durch die in neuerer Zeit stattgefundene Vertiefung der Neuen Wesermündung nunmehr an Bedeutung verloren und ist deshalb nur noch an der Westseite durch Tonnen bezeichnet, welche vor dem Rothen Sand warnen.

---

[1]) Diese Kutter hatten beim wiederholten Passiren obiger Passage einen Tiefgang von 0,7 m.

Die Passage durch die Alte Wesermündung bietet nur Vortheile für die von Osten kommenden oder dahin gehenden Fahrzeuge, da für diese der Weg bedeutend kürzer ist. Als Anhalt zum Auffinden derselben und zur Einsegelung dient die vor den Norder-Gründen liegende Westertill-Tonne.

Von dieser unter „Norder-Gründe" bereits genau beschriebenen Tonne steuert man, um durch die Alte Wesermündung in die Neue Wesermündung zu gelangen, direkt auf Feuerschiff „Bremen" zu; der Kurs ist $S^2/_3W$.

Mit diesem Kurse bleibt man stets in einer Wassertiefe von über 5 m bei Niedrigwasser, jedoch ist beim Passiren auf den Strom zu achten, da derselbe fast quer über den Kurs setzt, und zwar bei halber Fluth mit ziemlicher Geschwindigkeit, ca 2 Sm pro h.

Die beiden schwarzen stumpfen Tonnen (Doppeltonne) **DD** der Alten Weser, 100 m von einander entfernt, liegen 6 Sm von der Westertill-Tonne und 4 Sm vom Feuerschiff „Bremen" in 11 m Wassertiefe. Man peilt von ihnen aus: Wangeroog-Leuchtthurm $WSW^1/_2W$, Feuerschiff „Bremen" $S^1/_2W$.

Die beiden Tonnen werden an St. B. gelassen und der Kurs auf das Feuerschiff „Bremen" zu weiter gesteuert.

Die ersten drei schwarzen stumpfen Tonnen A, B und C der alten Wesermündung bleiben weit ab an St. B., und liegt:

Schwarze stumpfe Tonne **A** 2,3 Sm $O^1/_8N$ von der Schlüsseltonne in 11,5 m Wassertiefe.

Schwarze stumpfe Tonne **B**, 2,2 Sm von Tonne A in 13 m Wassertiefe: Wangeroog-Kirchthurm SWzW, Minsener-Old-Oog-Bake SSW.

Schwarze stumpfe Tonne **C**, mit einem Flügel als Toppzeichen, in 11 m Wasser, 1,4 Sm von Tonne B und 1,7 Sm von der Doppeltonne DD.

Nachdem die Doppeltonne DD der Alten Wesermündung an St. B. passirt ist, werden bei dem Kurse $S^2/_3W$ auf Feuerschiff „Bremen" zu weiter passirt:

An Steuerbord:

Schwarze stumpfe Tonne **E**, 1,4 Sm von DD in 15 m Wassertiefe: Minsener-Old-Oog-Bake SWzW.

Schwarze stumpfe Tonne **F**, mit einem Flügel als Toppzeichen, 1,5 Sm von Feuerschiff „Bremen" entfernt in 13,5 m Wassertiefe.[1])

An Backbord:

Die roth- und weissgestreifte konische Tonne No. **1**, in 9 m Wasser, 1 Sm von der Doppeltonne DD vor dem Nordende der „Tegeler-Plate"; dieselbe bleibt bei dem gegebenen Kurse dicht an B. B.

Die weisse stumpfe Tonne No. **2** der Alten Weser, 1 Sm von Tonne No. 1, in 11 m Wassertiefe: Minsener-Old-Oog-Bake $SWzW^3/_4W$.

Diese Tonne wird ebenfalls dicht an B. B. passirt, und bleibt alsdann die nächste vor dem Feuerschiff „Bremen" noch an B. B. zu lassende weisse stumpfe Tonne No. **3** der Alten Wesermündung bei dem obigen Kurse über 0,5 Sm entfernt. Dieselbe ist bei den Tonnen der Neuen Wesermündung schon mit beschrieben.

---

[1]) Bereits unter den Tonnen der Neuen Wesermündung beschrieben.

Berichtigungen.

Auf Seite 33, Zeile 28 von oben, ist am Schlusse der Zeile hinter Tonne: „No. 2" zu lesen.

Seite 34, Zeile 24 von oben, lies: Weisse stumpfe Tonne No. **4 der Alten Weser.**

Von Helgoland nach der Elbe.

Bei klarem Wetter. Hat man die Insel Helgoland, resp. Nachts das Feuer derselben angesteuert und sein Besteck berichtigt, so ist der Kurs direkt auf Elb-Feuerschiff No. 1 zu nehmen. Bei diesem Kurse ist der Strom zu berücksichtigen. Steht man östlich von Helgoland, so ist es bei westlichen Winden gerathen, während der Fluthzeit seiner geloggten Distanz 1—1,5 Sm pro h zuzulegen.

Das Feuerschiff No. I („Caspar") liegt in dem Alignement: „Scharhörn-Bake im grossen Leuchtthurm auf Neuwerk", unmittelbar in der Elb-Mündung, auf 22 m Wasser, in:

$$54° \ 0' \ 6'' \ \text{N-Br}$$
$$8° \ 18' \ 11'' \ \text{O-Lg.}$$

Es hat drei Masten, ist roth angestrichen, von Holz, und führt auf beiden Seiten in weissen Buchstaben den Namen „Elbe". Im Grosstopp ist bei Tage eine grosse, rothe Flagge geheisst, und brennt in 11,5 m Höhe über Wasser Nachts ein weisses Blinkfeuer, jede Minute drei Blinke von je 8 sek Dauer. Das Feuer ist in 4,6 m Augeshöhe bei klarer Luft ca 8 Sm weit nach allen Richtungen hin sichtbar; ausserdem führt das Feuerschiff, wie alle übrigen in der Elbe, Weser und Jade ausliegenden Feuerschiffe in 1,9 m Höhe über der Reling am Fockstag eine gewöhnliche Ankerlaterne, um die Lage des Schiffes kenntlich zu machen.

Bei nebligem Wetter wird in unbestimmten Zwischenräumen eine Minute lang mit der Schiffsglocke geläutet und werden ausserdem Kanonenschüsse abgefeuert; wird das Nebelsignal eines Schiffes an Bord des Feuerschiffes gehört, so werden die Pausen zwischen den Nebelsignalen verkürzt.

Wird vom Feuerschiff aus bemerkt, dass ein Schiff einen falschen Kurs steuert, der gefährlich für das letztere werden kann, so feuert es sowohl am Tage, wie Nachts einen Kanonenschuss, und wiederholt diese Warnung, so lange der gefahrbringende Kurs gesteuert wird.

Man kann das Feuerschiff an beiden Seiten passiren; dasselbe verlässt seine Station nur, wenn es durch höhere Gewalt dazu gezwungen wird. Liegt es nicht auf seiner Stelle, so wird das Feuer Nachts nicht angezündet und bei Tage die rothe Flagge am Grosstopp nicht aufgeheisst. Muss das Feuerschiff Eises halber seine Station verlassen, so geht es seewärts und ankert zwischen Elbe und Helgoland, oder kreuzt dort.

Bei nebligem Wetter. Als wichtigste Vorsichtsmassregel gilt beim Ansteuern der Elbe bei dickem Wetter stets der Gebrauch des Lothes, da das letztere sehr guten Anhalt gewährt.

Hat man nach der unter „Ansteuerung von Helgoland" gegebenen Direktion Helgoland bei nebligem Wetter angesteuert und ist nach der Elbe bestimmt, so findet man bei südöstlichem Kurse von 40 m Tiefen und dunkelblauen Schlick abnehmende Tiefen bis zu 22 m bei derselben Grundbeschaffenheit; demnächst abnehmende Tiefen bis zu 17 m auf sandigem Schlick, welche anzeigen, dass man sich jetzt an der Grenze des Ausläufers vom Grossen Vogelsand befindet und dass das Feuerschiff No. I ungefähr 2 Sm entfernt ist. Von hier ab findet man wieder zunehmende Tiefen bis 22 m, jedoch ist der Grund grober, gelber Sand mit Muscheln, und muss man nun das Elb-Feuerschiff No. I sehen resp. bei unsichtigem Wetter dessen Glocke oder Signalschüsse hören.

Lothet man hingegen weniger wie 17 m, dunkelblauen Schlick mit Sand, und nehmen die Tiefen bei derselben Grundart nicht gleich wieder zu, so steht man zu nördlich; entweder wird man nun lediglich blauen Schlick finden, in welchem Falle man sich bereits vor der Süder-Piep befindet, oder braunen Sand mit Schlick, in welchem Falle man vor der Norder-Elbe steht.

In beiden Lagen ist SW-Kurs hin zu halten, bis man tieferes Wasser bekommt. Sollte man jedoch bei diesem Kurse noch flacheres Wasser lothen, so ist man bereits in die Süder-Piep resp. Norder-Elbe hineingerathen und muss sofort mit West-Kurs hinaus halten.

Diejenigen Schiffe, welche, während sie die Elbe ansteuern, von einer Tiefe von 20—24 m auf sandigem Schlick mit Muscheln resp. groben, gelben Sand mit Muscheln, aus, sogleich schnell abnehmende Tiefen von 24 m bis 13 m feinen Sand finden, sind zu westlich und zwar zu nahe den Norder-Gründen und müssen sofort Nord hinaus steuern, da diese Gründe ganz steil abfallen und sich nicht anlothen lassen (vgl. Seite 5 „Norder-Gründe").

Sobald man sich von Norden den letztern nähert, giebt das Loth, anstatt grauen Sand, feinen, braunen Sand, und nimmt die Wassertiefe alsdann ab bis unter 12 m. Ist diese Abnahme eine raschere, so befindet man sich näher der Elb-Mündung, nehmen die Tiefen hingegen langsamer ab, so steht man mehr westlich von der Elbe.

Die Elbe.

Vom Elb-Feuerschiff No. I bis Cuxhaven. Die Elbe ist das grösste und frequentirteste Fahrwasser der ganzen deutschen Nordseeküste; sie hat bis zur Rhede von Cuxhaven im Hauptfahrwasser stets über 10 m bei Niedrigwasser und ist das Fahrwasser an der engsten Stelle zwischen Tonne 9/10 und den beiden schwarzen Treibbaken, die zwischen Tonne K und L liegen, immer noch ca 0,5 Sm. breit. Die Entfernung vom Elb-Feuerschiff No. I („Caspar") bis Cuxhaven-Rhede beträgt 17 Sm und von dort bis Hamburg 56 Sm.

Vom Elb-Feuerschiff No. II an, die Elbe aufwärts, ist überall guter Ankergrund (feiner grauer Sand), jedoch ist es nur bei ziemlich gutem Wetter rathsam, in der Unter-Elbe zu ankern, da schon bei mässigen WNW- und Nordwinden die sofort aufkommende See den Schiffen leicht gefährlich wird. Die See nimmt bei solchen Winden — namentlich während der Ebbe — regelmässig zu und haben hier auf der Elbe vor Anker liegende Schiffe bei starkem nordwestlichem Wind gerade bei Ebbstrom, wo die Anker querab zeigen, leicht ein Treiben des Schiffes zu befürchten.

Grenzen. a) Südseite. Die Südgrenze des Fahrwassers der Elbe bildet von See aus zunächst der südlich vom Elb-Feuerschiff No. I sich an die Norder-Gründe anlehnende Grund von Scharhörn, welcher sich, ebenso wie die ersteren, nur schwierig anlothen lässt. Im Norden ist dieser Grund durch eine rothe stumpfe Tonne gekennzeichnet, welche in der Richtungslinie: „Grosser Leuchtthurm auf Neuwerk in Scharhörn-Bake" ausgelegt ist.

Das Scharhörn-Riff, die NW-Spitze des Scharhörn-Sandes, ist im Norden durch die schwarzen stumpfen Tonnen A und B gekennzeichnet; das Riff fällt südlich dieser Tonnen so steil ab, dass man nur 180 m von demselben entfernt, schon 10 m Wassertiefe findet.

An den Scharhörn-Grund schliesst sich das Neuwerker Watt an, welches an seiner höchsten Stelle bei Niedrigwasser ca 3 m über Wasser ist. Auf demselben steht die Scharhörn-Bake. An dem SO-Ende des Watts liegt die ca 2000 m lange und ebenso breite, gegen Ueberfluthungen vollständig eingedeichte Insel Neuwerk. Nördlich der Insel Neuwerk mündet die Hundebalje in das Watt und getrennt von demselben durch das jetzt verengte und versandete ehemalige Hauptfahrwasser, Süder-Gat genannt, liegt im Abstand von 1—3 Kblg von Neuwerk der Kleine Vogelsand.

Derselbe ändert jedoch noch fortwährend seine Form und Lage und wird deshalb von einer nähern Beschreibung abgesehen.

Das Neuwerker-Watt wird im Osten durch das Eitzenloch begrenzt, und schliesst sich hieran der sogenannte Steil-Sand an, welcher bei Niedrigwasser 2 bis 2,5 m hoch ist.

Von dem Dorfe Duhnen führt südlich vom Steil-Sand über das Watt ein Fahrweg nach der Insel Neuwerk, der mit Reisern abgesteckt ist, um die einzuhaltende Strasse zu markiren; der grösseren Sicherheit wegen wird die Wagenfahrt jedoch nur unter Führung eines berittenen Lootsen gestattet, da der Weg selber zweimal durch tiefe Priele führt, dem sogenannten Stickersgat und später dem Eitzenloch, welche beide bei halber Ebbe noch über 1 m Wassertiefe haben. Die Nordseite des Steil-Sandes nach der Elbe hin fällt ganz steil ab und die Fahrwassertonnen J und JK liegen der Sicherheit wegen hier etwas weiter von der 10 m-Grenze entfernt in tiefem Wasser.

Von der Kugel-Bake aus, in nördlicher Richtung, erstrecken sich weit in das Fahrwasser hinein der Schifffahrt sehr gefährliche Untiefen von nur 1—3 m Tiefe; dieselben gewähren bei nordwestlichen Winden der Cuxhaven-Rhede einigen Schutz gegen den Seegang.

Jene Untiefen sind durch die Tonne K in NW und durch zwei Treibbaken, sowie durch Tonne L im Norden und Osten gekennzeichnet und scheinen sich nach Cuxhaven hin jetzt zu vertiefen, dagegen in nordwestlicher Richtung eher zuzunehmen, weshalb im Januar dieses Jahres die Verlegung des Feuerschiffes No. IV („Ernst") sowie der Tonnen K und der beiden darauf folgenden Treibbaken in die jetzige Position nothwendig geworden.

Die ganze Untiefe befindet sich in einer fortwährenden Bewegung und ist noch nicht zu übersehen, wie sich dieselbe nach Verlauf eines Jahres gestalten wird.

Von der Kugel-Bake an bis Cuxhaven ist das vor dem Deiche liegende Watt nur schmal und hat keinen besondern Namen.

b) Nordseite. Von See aus bis Cuxhaven-Rhede wird die Elbe an ihrer Nordseite nur durch Sände eingeschlossen, die theilweise bei Niedrigwasser heraustreten, jedoch schon eine Stunde nach dem letzteren sich bedecken, so dass nur eine einzige grosse Wasserfläche sichtbar ist, auf welcher, namentlich bei westlichen und nördlichen Winden, sehr hohe Brandung steht.

Zu diesen Sänden rechnet in erster Reihe der dem Fahrwasser sehr nahe gelegene „Grosse Vogelsand" mit seinen nach Westen und Osten sich hinziehenden Ausläufern, Steerte genannt. Der Vogelsand hat seinen Namen von den vielen Seevögeln, welche sich früher dort aufhielten und bei niedrigem Wasser fischten; der Sand verschiebt sich fortwährend und ändert vielfach seine Form. Nach den neuesten Vermessungen von 1876 erstreckt sich derselbe bedeutend näher an das wirkliche Fahrwasser heran und hatte den doppelten Umfang als in früheren Jahren.

Das Südende dieses Sandes nähert sich zwischen den weissen Tonnen No. 8 und 9, der weissen Tonnenlinie bis auf die kurze Distanz von 4—5 Kblg und scheint sich noch mehr südlich schieben zu wollen. Der äusserste westlichste Steert erstreckt sich weit in See hinein, vertieft sich ganz allmählich und eignet sich seines aus feinem grauen Sande bestehenden Grundes halber, gegenüber dem in der Elbe gefundenen blauen Schlick, ganz besonders gut zum Anlothen, wenn die Elbe bei dickem Wetter angesteuert wird. Die nach Osten zu sich hinziehenden Ausläufer sperren jetzt die frühere, sogar betonnt gewesene Durchfahrt von der Norder-Elbe nach der Elbe, da hier nur noch 2,5 m Wasser bleiben, und hängen mit den westlichen Ausläufern des zweiten, an der Nordseite befindlichen Sandes, dem „Gelb-Sand", zusammen. Auch dieser Sand ändert alljährlich seine Lage und Form, und ist deshalb der häufig gebrauchte Ausspruch: „die Sände auf der Elbe wandern!" wohl gerechtfertigt.

Von einer näheren Beschreibung des Gelb-Sandes muss deshalb aus dem obigen Grunde ganz abgesehen werden, da dieselbe vielleicht schon einige Monate später nicht mehr zutreffen dürfte.

An den Gelb-Sand schliesst sich weiter nach Osten zu der Hakensand an, nur getrennt von diesem durch eine schmale Rinne, das sogenannte Grosse Puten-Gat.

Der südliche Theil des Haken-Sand, die sogenannten Norder-Gründe, bilden die östliche Grenze des Klotzenloch und finden sich zwischen diesem und dem Haupt-Elb-Fahrwasser, also als Nordgrenze des letzteren, drei weitere Sände: der Spitz-, Kratz- und Medem-Sand, welche aber ebenfalls alle drei häufigen Aenderungen unterworfen sind. Namentlich ist jetzt vor dem Nordende des Kratz-Sand, das sich bis Tonne 10/11 hinzieht, bei unsichtigem Wetter zu warnen, da hier die Tiefen, südlich der Tonne 10/11, querab von der Kugel-Bake, schnell von 6 bis 1,7 m in nur 240 m Entfernung abnehmen.

Seezeichen. Zur Kennzeichnung des Elb-Fahrwassers bis Cuxhaven sind folgende Seezeichen errichtet bezw. ausgelegt:

Die **Scharhörn-Bake** auf dem Neuwerker Watt dient zur Bezeichnung der Einfahrt in die Elbe. Ihre genaue Position ist:
$$53° \ 57' \ 15'' \ \text{N-Br}$$
$$8° \ 24' \ 34,7'' \ \text{O-Lg},$$
Die Bake ist in Pyramidenform 1871 aus Holz neu erbaut und schwarz gestrichen; ihre Höhe über dem Erdboden beträgt 27,7 m und in dem oberen Theil befindet sich für Schiffbrüchige ein geschlossener Raum, über der höchsten Wassergrenze angebracht, worin Stroh, Wasser, Brod und Wein, sowie eine Signalflagge aufbewahrt werden; eine Treppe führt vom Fuss der Bake in diesen Raum. Die Scharhörn-Bake ist von Westen kommend das beste und zuerst sichtbare Objekt; sie ist während der Vermessungsarbeiten bei klarer Luft stets schon auf 9 Sm Entfernung gesehen worden, und erscheint sie zunächst als ein vor dem Winde segelndes Schiff. Sie steht in der Linie: „Grosser Leuchtthurm auf Neuwerk im Elb-Feuerschiff No. I (Caspar)", welches letztere danach ausgelegt wird.

Die **Nord-Bake**, in:
$$53° \ 55' \ 44'' \ \text{N-Br}$$
$$8° \ 28' \ 55'' \ \text{O-Lg},$$
auf dem Neuwerker Watt, NW von der Insel Neuwerk, ist 17 m über dem Erdboden hoch, schwarz gestrichen, stumpf und säulenförmig aus Balken und Latten 1871 neu erbaut, mit einem Quadrat an der Spitze.

Die Bake dient zur Orientirung in der Elbe und ist bei den Positionen der Tonnen an der betreffenden Stelle die Richtungslinie mit dieser Bake immer angegeben.

Die **Ost-Bake**, in:
$$53° \ 55' \ 32'' \ \text{N-Br}$$
$$8° \ 30' \ 44'' \ \text{O-Lg},$$
auf der Ostseite der Insel Neuwerk, ist 16,5 m über dem Erdboden hoch, schwarz gestrichen, säulenförmig rund aus Balkenständern 1871 neu erbaut; sie trägt oben eine aus Lattenwerk bestehende Scheibe.

Mit dieser Bake und dem kleinen Leuchtthurm auf Neuwerk in Linie liegen schwarze Tonne J und Tonne No. 9, zufällig jetzt auch noch die rothe Tonne vor dem Eitzenloch.

Neuwerk grosser Leuchtthurm, auf dem Südende der gleichnamigen Insel, ein sehr alter, aus dem vierzehnten Jahrhundert stammender Thurm, der 1814 erst zum Leuchtthurm eingerichtet ist. Er steht in:
$$53° \ 55' \ 1'' \ \text{N-Br}$$
$$8° \ 29' \ 47'' \ \text{O-Lg}.$$
Der Thurm ist viereckig, massiv, nach NW zu weiss abgeputzt, mit schwarzem Dach und schwarzer Kuppe. Das Feuer ist ein weisses, festes Feuer in 38,4 m über Hochwasser und bei klarer Luft ca 15 Sm weit aus allen Richtungen von See sichtbar; hier ist Telegraphen- und Rettungsstation.

Neuwerk kleiner Leuchtthurm, auf dem NW-Ende der gleichnamigen Insel, 626 m NzW½W vom grossen Thurm entfernt, 1815 erbaut in:
$$53° \ 55' \ 16'' \ \text{N-Br}$$
$$8° \ 29' \ 27'' \ \text{O-Lg}.$$
Der Thurm ist aus Holz, achteckig und dunkel gestrichen. Das Feuer ist ein weisses, festes Feuer in 18,1 m Höhe über Hochwasser und bei klarer Luft ca 10 Sm weit sichtbar, aber nur zwischen den Peilungen NW über West durch Süd bis Ost.

An der OSO-Seite dieses kleinen Thurmes ist in 9,4 m Höhe über Hochwasser noch ein zweites Feuer, ein kleines weisses Licht, angebracht, welches ca 8 Sm weit in dem kleinen Sektor zwischen den Peilungen WzS bis W⅛S vom Fahrwasser aus sichtbar ist. Früher bezeichnete dieser Sektor die Durchfahrt vom Süder-Gat nach dem Norder-Gat; seit jedoch das erstere jetzt zu flach geworden ist, dient der Sektor, ohne irgend welche andere Bestimmung, nur noch den daran gewöhnten Lootsen als Nachtmarke beim Segeln auf der Elbe.

Die Grand-Bake, auf einem Hügel des Festlandes südwestlich vom Dorfe Duhuen, ist ein trigonometrisch bestimmter Punkt und hat für die Schifffahrt keinen direkten Werth, da die Bake nur als Objekt bei Winkelmessungen dient, namentlich um danach die Tonnen auszulegen. Sie steht in:
$$53° \; 53' \; 4'' \; \text{N-Br}$$
$$8° \; 38' \; 6'' \; \text{O-Lg.}$$
Das Gebäude dieser Bake, 1871 neu errichtet, besteht aus vier Balkenständern, die zwischen sich ein aus Lattenwerk bestehendes, mit einer Spitze nach oben gerichtetes Viereck tragen. Sie ist schwarz getheert, ihre Höhe 11 m über dem Erdboden und die Bake selbst ca 6 Sm sichtbar.

Die Kugel-Bake auf dem Ende einer Steinmole an der Nordspitze des Festlandes beim Dorfe Döse, in:
$$53° \; 53' \; 37'' \; \text{N-Br}$$
$$8° \; 41' \; 16'' \; \text{O-Lg.}$$
Sie ist in Pyramidenform 1871 neu erbaut; der untere Theil ist offen, der obere Theil ausgelattet und trägt an der Spitze eine Kugel. Die Bake ist schwarz getheert, 30 m hoch über dem Erdboden und bei klarer Luft 8 Sm weit sichtbar. Von Westen kommend, hält sie jeder hier Unbekannte leicht für ein auf Cuxhaven-Rhede vor Anker liegendes Schiff.

Das Baklicht bei der Kugel-Bake, ein 8,3 m über Hochwasser befindliches Häuschen, ca 370 m westwärts von der Kugelbake, 1871 neu erbaut. Das Häuschen ist viereckig, getheert und hat eine schwarze Kuppe. Das Feuer ist weiss und fest, ca 8 Sm weit sichtbar, aber nur in den Peilungen zwischen den schwarzen Tonnen J bis L.[1]

So wie von See kommend das Feuer des Baklicht verschwindet, das Cuxhaven-Feuer S½O gepeilt wird und gleichzeitig das untere Feuer im Cuxhavener Leuchtthurm sichtbar wird, kann man Kurs auf das letztere Feuer zu nehmen. Dasselbe ein wenig an St. B. haltend, führt klar auf die Rhede (siehe Einsegelung).

Cuxhaven-Leuchtthurm auf dem Aussendeiche, dicht am Fahrwasser, nordwestlich von der Hafeneinfahrt und etwa 750 m vom Orte Cuxhaven entfernt, 1802 erbaut, steht in:
$$53° \; 52' \; 25,3'' \; \text{N-Br}$$
$$8° \; 42' \; 32,6'' \; \text{O-Lg.}$$
Der Thurm ist rund, massiv, rothbraun mit schwarzer Kuppe und 24,8 m über dem Erdboden hoch; in demselben brennen:

1. ein Hauptfeuer 24 m über Hochwasser; dasselbe ist fluss- wie seewärts ca 12 Sm weit sichtbar und leuchtet:
    a. nach See zu als weisses festes Feuer mit Blinken alle 70 sek, und zwar heller Schein 50 sek, matter Schein 15 sek, Verdunkelung 5 sek;
    b. die Elbe aufwärts als weisses festes Licht;
2. ein kleines Feuer mit weissem festem Licht an der NO-Seite des Thurms in 6,2 m über Hochwasser angebracht; dasselbe ist ca 8 Sm weit sichtbar, jedoch nur zwischen der schwarzen Tonne L und der weissen Tonne No. 11.

Bei dem Leuchtthurm ist die Rettungsstation, auch können Schiffe hier Lootsen erhalten und abgeben, obschon in der Regel die einkommenden Schiffe den Lootsen bis zur Bösch und die ausgehenden Schiffe denselben bis zum Feuerschiff No. II mitnehmen.[2]

Cuxhaven-Hafenleuchtfeuergebäude ist ein rundes weisses Häuschen mit schwarzer Kuppe und bezeichnet die Hafeneinfahrt; es ist auf dem Molenkopf („Alte Liebe" genannt) 1866 erbaut. In demselben brennt in 7,1 m Höhe über Hochwasser ein festes Feuer von ca 3 Sm Sichtweite; dasselbe leuchtet seewärts roth, flussaufwärts weiss.

---

[1] In Folge der jetzt erfolgten dauernden Auslegung des Feuerschiffs No. IV („Ernst") wird möglicher Weise dieses Feuer wenigstens während der Sommermonate gelöscht werden, da es für die Schifffahrt nur noch von untergeordneter Bedeutung ist.

[2] Der in östlicher Richtung 80 m von dem Leuchtthurm stehende Zeitballpfosten ist später im Anhang aufgeführt.

Feuerschiffe. Die sämmtlichen Elb-Feuerschiffe führen neben den Leuchtfeuern ebenso, wie die Feuerschiffe der Ja deund Weser eine Ankerlaterne am Fockstag, auch geben sie bei nebeligem Wetter dieselben Warnungssignale ab, und warnen die in ihrer Nähe auf falschem Kurse begriffenen Schiffe in derselben Weise, wie das Elb-Feuerschiff No. I („Caspar"). Die Feuerschiffe verlassen ihre Station nur, wenn sie durch höhere Gewalt, Eis etc. dazu gezwungen werden. Liegen dieselben nicht auf der richtigen Station, so werden die Feuer nicht angezündet und bei Tage die Flaggen nicht aufgeheisst, und wird bei Feuerschiff No. IV („Ernst") der Korb, wenn angängig, herunter genommen.

Elb-Feuerschiff No. I („Caspar"). Dasselbe ist unter „Von Helgoland nach der Elbe" bereits beschrieben.

Die **Lootsen-Galiot** ist ein zweimastiges, hölzernes, schwarz gestrichenes Schiff, führt einen 5,3 m langen rothen Stander im Grosstopp, und am Fockmast brennt Nachts in 8,6 m Höhe eine Laterne mit einem weissen festen Feuer von ca 3 Sm Sichtweite. So lange bei Tage die Hamburger Admiralitätsflagge vom Besansdirk weht, können einkommende Schiffe von hier aus mit Lootsen besetzt werden.

Die Lootsen-Galiot hat zwei verschiedene Stationen, eine äussere und eine innere, von denen die erstere in der Regel von dem Fahrzeug eingenommen wird, es sei denn, dass stürmische Witterung das Schiff zwingt, nach der inneren Station zu flüchten, wo es, so lange das Absetzen von Lootsen möglich ist, den Schiffen noch Lootsen giebt. Die innere Station verlässt die Galiot nur, wenn höhere Gewalt, Eis etc. sie dazu zwingt und begiebt sich in diesem Falle stets seewärts.

Die Position der äusseren Station ist:
$$53° \; 59' \; 50'' \; \text{N-Br}$$
$$8° \; 21' \; 11'' \; \text{O-Lg}.$$
OSO 1,8 Sm vom Elb-Feuerschiff No. I („Caspar") entfernt, auf 18,8 m Wasser.

Die Position der inneren Station ist im Fahrwasser zwischen den beiden Feuerschiffen No. II und III, jedoch näher dem Feuerschiff No. III.

Elb-Feuerschiff No. II („Neptun") ist ein dreimastiges roth gestrichenes Schiff, mit dem Namen „Elbe" in weissen Buchstaben auf beiden Seiten. Im Vortopp weht bei Tage eine weiss und blau horizontal gestreifte Flagge.

Das Feuerschiff liegt auf 14 m Wassertiefe NO 2 Sm von der Scharhörn-Bake und NzW 4,6 Sm vom grossen Neuwerk-Leuchtthurm, in:
$$53° \; 59' \; 5'' \; \text{N-Br}$$
$$8° \; 26' \; 3'' \; \text{O-Lg},$$
und führt am Grossmast zwei weisse feste Feuer übereinander in 10,9 resp. 6,3 m Höhe. Diese Feuer sind bei klarem Wetter, das obere ca 8, das untere ca 6 Sm weit nach allen Richtungen hin sichtbar. Das Feuerschiff kann an beiden Seiten passirt werden. Auf demselben ist eine Rettungsstation, und werden hier die Lootsen von den seewärts passirenden Schiffen auf Verlangen abgeholt, weshalb, wenn Schiffe mit der Ebbe ausgehen, rechtzeitig gestoppt resp. back gebrasst werden muss und vorher die Lootsenflagge zu setzen ist.

Elb-Feuerschiff No. III („Jacob Hinrich") ist ein dreimastiges, roth gestrichenes Schiff mit dem Namen „Elbe" in weissen Buchstaben auf beiden Seiten. Im Grosstopp weht bei Tage eine rothe Flagge mit weissem Viereck. Dasselbe liegt auf 17 m Wassertiefe NOzO$\frac{1}{8}$O 2,8 Sm vom grossen Leuchtthurm auf Neuwerk und OSO$\frac{1}{2}$O 5 Sm von Scharhörn-Bake, in:
$$53° \; 57' \; 4'' \; \text{N-Br}$$
$$8° \; 32' \; 57'' \; \text{O-Lg}.$$
Ein weisses festes Feuer brennt Nachts vom Grossmast in 10,3 m Höhe, und ist dasselbe bei klarem Wetter ca 8 Sm nach allen Richtungen hin sichtbar. Das Feuerschiff kann an beiden Seiten passirt werden.

Elb-Feuerschiff No. IV („Ernst") ist ein dreimastiges, roth angestrichenes Schiff, mit dem Namen „Elbe" in weissen Buchstaben an beiden Seiten. Im Grosstopp führt dasselbe bei Tage eine schwarze Korbkugel und zeigt Nachts ein weisses festes Feuer am Grossmast.

Dieses Feuerschiff liegt nördlich der Kugel-Bake in der Mitte des Fahrwassers zwischen der schwarzen Tonne L und der weissen Tonne No. 9/10 auf 18,4m Wasser, in:

53° 55′ 43″ N-Br
8° 40′ 18″ O-Lg,

und kann an beiden Seiten passirt werden. Die einkommenden Schiffe steuern vom Feuerschiff No. III SOzO auf dies Feuerschiff, die ausgehenden Schiffe von Cuxhaven aus NzW auf dasselbe zu.

Tonnen. Die Betonnung der Elbe bis Cuxhaven ist nach dem folgenden System geregelt:

Es liegen beim Einsegeln:

an Steuerbord: schwarze stumpfe Tonnen mit weissen lateinischen Buchstaben,

an Backbord: weisse spitze Tonnen mit schwarzen arabischen Ziffern.

Die Tonnen auf der Elbe bis Cuxhaven hin sind weit sichtbar und liegen nicht in zu grosser Entfernung von einander.

Anweisung für die Einsegelung.

Die Einsegelung in die Elbe ist bei klarem Wetter sehr leicht, da man von Feuerschiff zu Feuerschiff steuert.

Da jedoch die Elb-Feuerschiffe alle mit 300m Kette verankert sind und eine tonnenähnliche rothgemalte Ankerboje die Lage des Ankers bezeichnet, so werden namentlich Dampfer vor dem allzu nahen Passiren der Feuerschiffe gewarnt, weil sie leicht — wenigstens während des Stromkenterns, wo die Ankerboje querab zeigt — auf diese letztere gerathen können.

Nachdem man das Feuerschiff No. I („Caspar") gesehen oder nach den vorherigen Direktionen angelothet hat, ist der Kurs von hier aus auf die Lootsen-Galiot SOzO⅞O. Dieselbe wird, wenn angängig, an St. B. gelassen, um beim Beidrehen, falls man hier einen Lootsen haben will, dem sehr steilen Scharhörn-Riff nicht zu nahe zu kommen.

Auf diesem Kurse nach der Galiot zu bleibt an St. B. das ganz steil abfallende Scharhörn-Riff, welches im Norden durch eine rothe stumpfe Tonne gekennzeichnet ist. Diese Tonne liegt in 16,5m Wasser SO½S 1,1 Sm vom Elb-Feuerschiff No. I entfernt, in der Richtungslinie Scharhörn-Bake in Neuwerk grossem Leuchtthurm und dient, falls das Elb-Feuerschiff nicht auf seiner Station liegt, als Ansegelungs-Tonne der Elbe. Dieselbe bleibt bei dem richtigen Kurse SOzO⅞O 5 Kblg an St. B. entfernt; an B. B. behält man bis zum Abstande von 1,5 Sm noch immer über 10m Wasser.

Von der Lootsen-Galiot führt der Kurs SOzO¼O auf das Elb-Feuerschiff No. II („Neptun") zu, welches 3 Sm von der ersteren entfernt liegt. Man findet auf diesem Kurse 16—22m Wasser, feinen grauen Sand, und werden bis zum Feuerschiff No. II folgende Tonnen passirt:

An Steuerbord:

Schwarze Tonne **A**, eine grosse stumpfe Tonne auf 18,7m Wasser, 650m von Sande entfernt, bleibt 3 Kblg an St. B. Als Landmarke für dieselbe dient: „der kleine Leuchtthurm auf Neuwerk um ⅓ dem grossen Leuchtthurm näher, als die Nord-Bake daselbst".

Schwarze Tonne **B**, wie Tonne A, liegt 9 Kblg von der letzteren in 14m Wasser und 370m vom Scharhörn-Sand entfernt; sie soll in der Richtungslinie: „kleiner Leuchtthurm in Neuwerk im grossen Leuchtthurm daselbst" liegen. Hier fällt das Riff noch steiler ab, wie bei der Tonne A.

Schwarze stumpfe Tonne **C**, auf 11,7m Wasser, liegt SzW 3 Kblg vom Feuerschiff No. II. Westlich von dieser Tonne mündet ein ganz schmaler Priel, Riffloch genannt.

In der Nähe der Tonne C ist auch der westliche Einlauf in das früher von den Schiffen viel benutzte Süder-Gat, welches Neuwerk von dem Kleinen Vogelsand trennt. Der östliche Einlauf in dasselbe liegt bei der Tonne H, hat jedoch kaum noch 3 m Wasser, und kann daher das Süder-Gat von grösseren Schiffen nicht mehr benutzt werden. Bei Tonne C hat man den hier stark nach Süden setzenden Fluthstrom zu berücksichtigen.

An Backbord:

Weisse spitze Tonne No. **1**, mit einem Flügel; dieselbe liegt auf 10 m Wasser in der Richtungslinie: „grosser Leuchtthurm auf Neuwerk in Linie mit dem kleinen Leuchtthurm daselbst", und bezeichnet sie die nordwestliche Spitze der Ausläufer vom Grossen Vogelsand. Ausgehende Schiffe können von hier, wenn nöthig, schon nördlich steuern.

Weisse spitze Tonne No. **2**, mit einem Flügel, auf 12 m Wasser $SO^3/_4O$ 7 Kblg von Tonne No. 1 entfernt, in der Landmarke: „der grosse Leuchtthurm auf Neuwerk in Linie mit der Westseite des westlichen Bauernhofs daselbst".

Weisse spitze Tonne No. **3**, mit einem Flügel, auf 13 m Wasser $NzW^1/_4W$ 7 Kblg vom Feuerschiff No. II entfernt, in der Landmarke: „der Leuchtthurm auf Neuwerk in Linie mit der Ostseite des westlichen Bauernhofs daselbst".

Hat man das Elb-Feuerschiff No. II an St. B. passirt, so ist der Kurs $SO^1/_4O$ zu steuern, bis zum Feuerschiff No. III („Jacob Hinrich"). Man lothet auf dem Kurse zwischen 18 und 16 m Wasser; der Grund bleibt feiner grauer Sand.

Zwischen diesen beiden Feuerschiffen liegen:

An Steuerbord:

Schwarze stumpfe Tonne **D**, 1,2 Sm vom Feuerschiff No. II entfernt, auf 7 m Wasser; als Landmarke dient für dieselbe: „die Nord-Bake auf Neuwerk frei von der westlichen Deich-Bake daselbst".

Schwarze stumpfe Tonne **E**, 8 Kblg von Tonne D, auf 11,5 m Wasser, in der Landmarke: „der grosse Leuchtthurm auf Neuwerk in Linie mit dem mittleren Bauernhof daselbst".

Schwarze stumpfe Tonne **F**, 7,5 Kblg von Tonne E, auf 15 m Wasser, in der Landmarke: „Viehhaus auf Neuwerk in Linie mit dem östlichen Bauernhof daselbst".

Schwarze stumpfe Tonne **G**, 5,5 Kblg von Tonne F, auf 15 m Wasser, in der Landmarke: „das kleine Haus auf Neuwerk in Linie mit dem mittelsten Bauernhof". Südlich der Tonnen F und G, im Abstand von 7 Kblg, erstreckt sich, steil ansteigend, der Kleine Vogelsand.

Schwarze stumpfe Tonne **H**, auf 17 m Wasser, WzS 4 Kblg vom Elb-Feuerschiff No. III entfernt.

Die Tonnen D, E, F, G, H liegen nahezu in Linie und zwar in der Richtung: $SO^1/_8O-NW^1/_8W$ von einander.

An Backbord:

Weisse spitze Tonne No. **4**, auf 9,7 m Wasser, südlich eines flachen Ausläufers vom Grossen Vogelsand, $O^1/_4S$ 1,4 Sm vom Feuerschiff No. II.

Weisse spitze Tonne No. **5**, auf 8,6 m Wasser, $NNW^3/_4W$ 2,5 Sm vom Feuerschiff No. III entfernt.

Die beiden letzteren Tonnen, sowie die nächste an B. B. zu lassende weisse spitze Tonne No. 6 liegen an der SW-Seite des Grossen Vogelsand. Der letztere fällt zum Theil trocken, lässt sich aber sonst ziemlich gut anlothen; nur ist hier tiefgehenden Schiffen beim Kreuzen Vorsicht geboten, da zwischen den weissen Tonnen No. 4 und No. 5 sich ein Steert von nur 5,8 m Tiefe bis nahezu an die Tonnenlinie erstreckt, weshalb man unter allen Umständen gut thut, nicht über diese Tonnenlinie hinaus zu gehen.

Hat man das Elb-Feuerschiff No. III („Jacob Hinrich") passirt, so führt der Kurs SOzO frei von allen Tonnen durch das ganze Fahrwasser auf Feuerschiff No. IV zu; hierbei hat man jedoch auf der Strecke vom Feuerschiff No. III bis Tonne JK den nach Süden setzenden Fluthstrom zu beachten.

Vom Feuerschiff No. IV ab steure man SzO, welcher Kurs klar von allen Tonnen (L bleibt 1,5 Kblg an St. B.) auf die Cuxhaven-Rhede zu führt; hierbei hat man den grossen Leuchtthurm von Cuxhaven etwas an St. B. zu halten.

Sollte das Feuerschiff No. IV („Ernst") nicht auf seiner Station liegen, etwa im Winter, bei Eisgang etc., so steuert man wie folgt:

So wie von See kommend das Feuer des Baklichts verschwindet, das Cuxhaven-Feuer $S^1/_2O$ peilt und gleichzeitig das untere Feuer von Cuxhaven-Leuchtthurm sichtbar wird, kann man Kurs auf das letztere zu nehmen, und führt derselbe, die Cuxhaven-Feuer etwas an St. B. haltend, klar auf die Rhede.

Auf dem Kurse von Elb-Feuerschiff No. III an passirt man folgende Tonnen:

An Steuerbord:

Eine rothe stumpfe Tonne vor dem Eitzenloch, auf 1,3 m Wasser, OzN 2,6 Sm vom grossen Leuchtthurm auf Neuwerk entfernt. Diese rothe Tonne, sowie die nächste schwarze Tonne J und die weisse Tonne No. 9, liegen in der Richtungslinie: „Ost-Bake auf Neuwerk im kleinen Leuchtthurm". Dicht vor dieser rothen Tonne fällt der Sand ganz steil ab; von 10 m Wassertiefe findet man in der kurzen Entfernung von 190 m nach Land zu bei Niedrigwasser bereits den trockenfallenden Sand. Die genannte Tonne gehört nicht zu den eigentlichen Fahrwassertonnen, sondern dient lediglich kleinen Fahrzeugen und Fischern als Zeichen zum Auffinden des Eitzenlochs.

Schwarze stumpfe Tonne **J**, mit einer Birne als Toppzeichen, auf 16,6 m Wasser, in $SSO^3/_4O$ 1,3 Sm vom Feuerschiff No. III entfernt, nahezu in Linie mit den vorhin beschriebenen, an St. B. zu lassenden Tonnen D, E, F, G, H.

Schwarze stumpfe Tonne **JK**, auf 17,3 m Wasser, $SOzO^1/_2O$ 1,2 Sm von Tonne J entfernt. Landmarke: „Schloss Ritzebüttel nahezu in Linie mit Döse-Mühle".

Schwarze stumpfe Tonne **K**, auf 8,7 m Wasser, $SOzO^1/_4O$ 1,2 Sm von Tonne JK entfernt, am NW-Rande der von der Kugel-Bake sich nach Norden zu über 2 Sm weit erstreckenden Untiefen.

Kreuzende Schiffe werden, falls sie Tonne K nicht sehen, vor diesen Untiefen um so mehr gewarnt, als dieselben an der Nordseite ziemlich steil abfallen und nur mit Vorsicht angelothet werden können.

Zwischen den Tonnen K und L liegen an der Nordseite dieser Untiefe noch zwei schwarze stumpfe Treibbaken, von denen die westliche an einem 4,3 m langen Mast einen schwarzen Korbballon und eine durchlöcherte lederne Flagge, die östliche an einem 4 m langen Mast zwei schwarze Korbballons als Toppzeichen trägt. Die erstere liegt auf 7,9 m Wassertiefe $OSO^1/_8O$ 4,5 Kblg von Tonne K entfernt. Landmarke: „der Galgenberg in Duhnen, und Cuxhaven-Lootsenhaus an der Kugel-Bake". Die letztere liegt 7 Kblg SO von der ersteren am NO-Rande der Untiefe, von wo der Grund nach dem Fahrwasser zu allmählich abfällt.

Schwarze stumpfe Tonne **L**, in 7,3 m Wasser, Nord 1,3 Sm von der Kugel-Bake. Landmarke: „die Grand-Bake bei Duhnen in Linie mit dem westlichen Hause daselbst".

An Backbord:

Weisse spitze Tonne No. **6**, sie liegt in 13,7 m Wassertiefe, NOzO 5 Kblg vom Feuerschiff No. III entfernt.

Weisse spitze Tonne No. **8**, mit weissem Flügel, auf 12,4 m Wasser, $OSO^1/_4O$ 1,2 Sm vom Elb-Feuerschiff No. III entfernt. Landmarke: „Schloss Ritzebüttel nahezu in Linie mit Döse-Mühle".

Weisse spitze Tonne No. **9**, mit einem Flügel, 1,1 Sm von Tonne No. 8, auf 10,6 m Wasser, OSO 2,2 Sm vom Feuerschiff No. III in der Richtungslinie: Ost-Bake auf Neuwerk im kleinen Leuchtthurm daselbst. Sie bezeichnet den südlichsten Ausläufer vom Grossen Vogelsand, von dessen nächster, bei Niedrigwasser trocken fallender Spitze sie Süd 6 Kblg entfernt liegt, während NO von ihr, im Abstand von nur 2 Kblg, sich schon die 4 m-Grenze erstreckt.

Weisse spitze Tonne No. **9/10**, mit einem Flügel, auf 14 m Wasser, Nord 2,4 Sm von der Kugel-Bake. Landmarke: „Altenwalder-Mühle in Linie mit Döse-Mühle".

Zwischen dieser Tonne und der Tonne No. 9 ist der Eingang in das Klotzenloch, welches Fahrwasser sich zwischen den Norder-Gründen und dem Spitz- resp. Medem-Sand hinzieht.

Weisse spitze Tonne No. **10**, mit einem Flügel, auf 9,8m Wasser, NNO⁷/₈O 1,4 Sm von der Kugel-Bake, an der Westseite vor dem Ausläufer des Spitzsand. Landmarke: „Ritzebütteler Mühle in Linie mit dem Schloss daselbst".

Weisse spitze Tonne No. **10/11**, mit einem Flügel, auf 7,2m Wasser, nördlich von den Ausläufern des Kratz-Sand in der Richtungslinie: „Kugel-Bake in Döse-Mühle, 8 Kblg von der ersteren entfernt".

Weisse spitze Tonne No. **11**, mit einem Flügel, auf 9m Wasser, NO½N 6 Kblg vom Cuxhaven-Leuchtthurm. Landmarke: „Das Schloss zu Ritzebüttel in Linie mit der obersten Ecke der Alten Liebe zu Cuxhaven". Von dieser Tonne liegt Ost 500m entfernt, ein Ausläufer des Kratz-Sand, der hier ganz steil anläuft, und die Schiffe thun gut, nicht über die Tonnenlinie No. 10/11 und 11 beim Kreuzen hinauszugehen, zumal die Fluth hier stark nach den Norder-Gründen zu setzt.

Auf der Rhede von Cuxhaven ist der beste Ankerplatz zwischen der weissen Tonne No. 11 und der Alten Liebe ungefähr NO vom Leuchtthurm in 12 bis 14m Wasser. Hier wird überall grauer und blauer Schlick als Ankergrund gefunden. Kleinere Schiffe und Fahrzeuge ziehen es vor, näher unter Land zu ankern in dem Dreieck von Tonne No. 11 auf Cuxhaven-Thurm und auf Döse-Kirche zu, selbstverständlich, ohne dem weit vom Ufer sich erstreckenden Watt zu nahe zu kommen.

Die Rhede bietet genügenden Schutz mit Ausnahme gegen stärkere Winde von NW durch Nord bis NE; bei solchen Winden flüchten kleinere Fahrzeuge entweder in den kleinen Cuxhavener Hafen (der aber offen ist und in welchen bei heftigem NE-Wind Dünung hineinsteht) oder auch bei Nord- und NE-Wind dicht unter Kratz-Sand.

Grössere Schiffe sind, wenn sie Schutz suchen wollen, bei diesen Winden gezwungen, die Elbe aufwärts zu gehen, und zwar bis unter den Medem-Sand, in der Nähe der weissen Tonne No. 15. Bei heftigen Stürmen aus den angeführten Richtungen ist jedoch auch dieser Ankerplatz nicht mehr sicher und müssen grössere Schiffe alsdann bis unter Kraut-Sand.

Cuxhaven bis zur Bösch. Von Cuxhaven bis zur Bösch findet die Betonnung nach demselben System statt, wie auf der Strecke von See bis Cuxhaven und ist die Bezeichnung mit Buchstaben und Zahlen eine gleichmässig fortlaufende.

Beim Segeln die Elbe aufwärts von Cuxhaven aus darf man zunächst nicht zu nahe an die rechte Seite des Fahrwassers herangehen, da hier, 0,7 Sm von Cuxhaven entfernt, das Osterhörner-Stack sich bis an das tiefe Fahrwasser erstreckt.

Dieses Stack ist gekennzeichnet durch eine Stechbake mit einem abgestumpften Kegel oben, und hat das Fahrwasser 20m Tiefe bis dicht an diese Stechbake heran.

An B. B. passirt man kurz darauf die weisse spitze Tonne No. **12** und gelangt nun in ein tiefes Becken, welches Wassertiefen bis zu 28m hat. Bei dem Grodener-Stack, an der Südseite des Fahrwassers, 1,8 Sm von Cuxhaven, steigt der Grund sehr steil an und ist dieses Stack von der 28m-Linie nur 1 Kblg entfernt. Dieses jähe Abfallen der Wassertiefe wird durch den Mahlstrom verursacht; die Ebbe stösst sich an der Spitze des Kratz-Sand und folgt nun dem Hauptfahrwasser mit grosser Schnelligkeit, wobei sie, da am Grodener-Stack sich ein neues Hinderniss ihr in den Weg stellt, hier jenes tiefe Becken hineingerissen hat. Eine kleine Bake in Pyramidenform, mit einem Quadrat als Toppzeichen, ist so weit wie möglich auf die Aussenkante des Stacks gesetzt und erstreckt sich dies letztere in der Verlängerung der Richtungslinie: „Kleine Bake in Linie mit der grossen Grodener Bake"; die Richtung ist NO—SW.

Querab vom Grodener-Stack liegt die weisse spitze Tonne No. **13**, auf welche im Abstand von 1,3 Sm die weisse spitze Tonne No. **14** folgt. Die letztere liegt querab von den beiden schlanken Thürmen der Altenbruch-Kirche resp. der an St. B. bleibenden Altenbruch-Leuchtbake.

Altenbruch-Leuchtbake ist ein kleiner, weisser, viereckiger, hölzerner Thurm mit schwarzer Kuppe, in:

$$53°\ 50'\ 5''\ \text{N-Br}$$
$$8°\ 47'\ 7''\ \text{O-Lg}.$$

Auf demselben brennt Nachts in 13,2 m Höhe ein weisses festes Feuer, 8 Sm sichtbar, welches stromaufwärts das Fahrwasser bis an die schwarzen Tonnen LL, M, N, O, und stromabwärts frei von dem Grodener-Stack und dem Cuxhavener Hafenfeuer auf der Alten Liebe beleuchtet.

Vor Altenbruch mündet in die Elbe das ganz kleine Flüsschen Braake, welches hier einen kleinen, ca 160 m langen, am Deich durch eine Schleuse abgeschlossenen und mit Duc d'Alben versehenen Hafen bildet. Durch jene Schleuse ergiesst sich der weit vom Lande hergeleitete Abwässerungskanal.

Nachts steuert man von Cuxhaven aus in Sicht des Cuxhavener und Altenbruch-Feuers und hat hierbei sich nur zu hüten, dass das letztere an der St. B.-Seite nicht verschwindet, in welchem Falle man zu südlich ist und leicht auf eins der beiden erwähnten Stacks gerathen kann. Auch darf man, nachdem das Altenbruch-Feuer passirt ist, dasselbe bis zur Tonne N ebenfalls nicht aus Sicht verlieren. Von Tonne N ab ist der Kurs direkt auf das Brunsbüttel-Feuer zu nehmen; das letztere verschwindet jedoch, sobald man zu nördlich kommt, also sich ausserhalb der weissen Tonnenlinie befindet (siehe Brunsbüttel-Feuer).

Von Altenbruch an passirt man zunächst an B. B. die weisse spitze Tonne No. **15** und fast gegenüber an St. B. die schwarze stumpfe Tonne **LL**, von welcher südlich sich wieder ein in die Elbe hineingebautes Stack befindet, durch welches der Strom in sein richtiges Bett geleitet werden soll.

Von den Tonnen No. 15 und LL 1,7 Sm entfernt liegt die weisse spitze Tonne No. **16** und dieser gerade gegenüber an St. B. die schwarze stumpfe Tonne **M**. Etwas oberhalb der letzteren fliesst die sogenannte Medem in die Elbe, welche den Einlauf in den Hafen nach Otterndorf bildet; der letztere Ort ist leicht kenntlich an dem hohen schlanken Kirchthurm, welcher erst seit zwei Jahren diese spitze Form hat.

Die ganze Südseite der Elbe von Tonne LL an ist sehr steil; man darf sich hier beim Kreuzen nicht ausserhalb der schwarzen Tonnenlinie begeben, da von 14 m Tiefe, im Abstand von kaum 1 Kblg, schon die Sandgrenze bei Niedrigwasser sich hinzieht.

Das vor einiger Zeit nördlich von Otterndorf gesunkene Wrack ist noch nicht beseitigt und kennzeichnet sich bei Niedrigwasser durch den darüber kreisenden Mahlstrom. Das Wrack liegt fast in der Mitte des Fahrwassers, jedoch etwas näher an die weisse Tonnenlinie; Schiffe können ungehindert darüber passiren, und wird nur vor dem Ankern daselbst gewarnt.

Nachdem die Tonnen No. 16 an B. B. resp. M an St. B. passirt sind, folgt 1,3 Sm von der letzteren an St. B. die schwarze stumpfe Tonne **N** und etwas weiter an B. B. die weisse spitze Tonne No. **17**. Westlich der letzteren ist der östliche Einlauf in das Klotzenloch.

Von Tonne N 1,7 Sm entfernt liegt die schwarze stumpfe Tonne **O**, auf welche in einer Entfernung von nur 0,5 Sm die schwarze stumpfe Tonne **OP** folgt, die jedoch mit einem schwarzen birnförmigen Korbgeflecht an einer schwarzen 6 m langen Stange als Toppzeichen versehen ist.

Südlich dieser Tonne führt ein kleines Fahrwasser, die „Oste" genannt, nach dem Hafen von Neuhaus; dasselbe ist gekennzeichnet durch vier stumpfe Tonnen. Beim Einsegeln bleiben an St. B. zwei schwarze stumpfe Tonnen mit dem Namen „Oste" in weisser Farbe, an B. B. zwei weisse stumpfe Tonnen mit dem Namen „Oste" in schwarzer Farbe. Die Oste führt von Tonne OP an zunächst zwischen den vier Tonnen durch auf Belum-Kirchthurm zu und ist nach dem Passiren dieser Tonnen, wo das Fahrwasser nach Osten abbiegt, weiter durch Stechbaken gekennzeichnet, die beim Einsegeln alle an der St. B.- oder Westseite zu lassen sind.

Nachdem die schwarze Tonne OP passirt ist, folgen noch bis Brunsbüttel an St. B. die schwarzen stumpfen Tonnen **P** und **Q**; an B. B. die weisse spitze Tonne No. **18**, querab von OP, und 1,5 Sm davon entfernt die letzte bis zur Bösch an B. B. bleibende weisse spitze Tonne No. **19**.

Brunsbüttel-Leuchtfeuer. Die Leuchtbake von Brunsbüttel hat dieselbe Form und Grösse wie die von Altenbruch. Das Gerüst ist braun gestrichen, mit schwarzem Dach; der Laternen-Apparat befindet sich auf der Gallerie, wohin eine Thür von der Bake aus führt.

Sie steht in:

$$53° \ 53' \ 30'' \text{ N-Br}$$
$$9° \ \ 6' \ \ 0'' \text{ O-Lg}.$$

Ein weisses festes Feuer, von ca 8 Sm Sichtweite, brennt in 13,2 m Höhe über Hochwasser und ist, von See kommend, sichtbar bis zur Tonnenlinie der weissen Tonnen No. 17, 18 und 19; dagegen von Hamburg ansegelnd über die ganze Fahrwasserbreite.

Vor der Einfahrt vom Brunsbütteler Hafen, auch Brack genannt, steht zur Kennzeichnung an der Westseite desselben ein grosser Duc d'Alben mit einer Stange, welche eine schwarze Kugel trägt.

Nach Hamburg stromaufwärts segelnde Schiffe müssen schon etwas oberhalb Brunsbüttel die Lootsenflagge setzen, da bei der Bösch der Lootse gewechselt wird.

Von Brunsbüttel an ist Kurs auf Bösch-Haus zu steuern und das letztere etwas an B. B. voraus zu halten. Auf diesem Kurse bleiben an St. B. die beiden schwarzen stumpfen Tonnen **R** und **S**, von denen die letztere dem Bösch-Haus gerade gegenüber liegt.

An der B. B.-Seite sind auf dieser Strecke keine Seezeichen und das Fahrwasser ist rein bis an die von der Küste herausragenden kurzen Stacks heran, weshalb man allerdings nicht allzu dicht unter Land längs gehen darf. Das dem Brunsbütteler Hafen zunächst gelegene Stack ist am Endpunkt durch eine Stechbake gekennzeichnet, während die übrigen mit Hochwasser gar nicht bemerkbar sind und nur bei Niedrigwasser trocken fallen. Die Länge dieser Stacks beträgt ca 80 m.

Kurz vor der Bösch, wo in letzterer Zeit noch mehrere neue solcher Stacks angelegt sind, haben die Lootsen auch diese durch Stechbaken gekennzeichnet; ihre Länge beträgt ebenfalls gegen 80 m und bestehen dieselben aus Faschinen und Steinen, welche durch eingerammte Pfähle gehalten werden; sie dienen sämmtlich zur Regulirung des Strombettes.

Bösch-Haus. Bösch-Haus ist ein weisses hohes Gebäude, dem Fahrwasser nahe gelegen. Es steht auf der Ostseite des kleinen nach dem am Deich gelegenen Orte Büttel hinführenden Priel und ist dieser Einlauf an der Westseite durch eine in den Grund gesteckte Spiere gekennzeichnet, welche als Toppzeichen einen kleinen schwarzen Korb trägt, während die Ostseite des Einlaufs durch Stechbaken bezeichnet ist.

Neben dem Bösch-Hause weht, so lange dort noch Lootsen zu haben sind, von einem einzeln stehenden Flaggenstock die deutsche Flagge. Kommen Schiffe im Nebel die Elbe aufwärts, so wird denselben mittelst eines Hornes signalisirt, dass das Lootsenboot ausgegangen ist. Ist das letztere bei westlichen Stürmen bis oberhalb der Bösch vertrieben, so wird dies den stromaufgehenden Schiffen Nachts durch eine rothe Laterne und am Tage durch Herunterholen der Flagge auf halb Stock signalisirt.

Bösch-Leuchtfeuer. Von einem 3,5 m hohen achteckigen weissen massiven Thurm, in:

$$53° \ 53' \ 45'' \text{ N-Br}$$
$$9° \ 13' \ 50'' \text{ O-Lg,}$$

brennt in 6,3 m Höhe über Hochwasser ein weisses festes Feuer, nach allen Richtungen hin ca 6 Sm weit sichtbar.

Von der Bösch bis Hamburg. Von der Bösch stromaufwärts bis Hamburg liegen als Seezeichen bedeutend kleinere Tonnen wie auf der Unter-Elbe.

Die weissen Tonnen werden auch hier, wie überall auf der Elbe, beim Einsegeln an B. B., die schwarzen an St. B. gehalten, jedoch sind von hier ab beide Seiten der Tonnenlinie, und zwar von Hamburg beginnend, mit arabischen Zahlen bezeichnet; die weissen Tonnen haben die Nummern von No. 1—16, die schwarzen von No. 1—23. In ihrer Form sind diese Tonnen ganz verschieden und sollen später, soweit die Tiefen es zulassen, von Glückstadt aufwärts (wahrscheinlich bis Schulau) die jetzt ausliegenden älteren stumpfen Tonnen, sowohl die schwarzen wie auch die weissen, allmählich bei ihrem Abgange durch weiter sichtbare schlanke Tonnen ersetzt werden. Auf der Strecke von Schulau bis Hamburg werden voraussichtlich die alten kleinen Tonnen liegen bleiben.

Von der Bösch an hält man zunächst bis Brockdorf am sichersten die Nordseite des Fahrwassers; hier ist es bis dicht unter Land ganz tief und wird nur bei dem Orte Scheelenkuhlen, 1,5 Sm von der Bösch entfernt, vor einem kurzen, bei Niedrigwasser trocken fallenden Stack von ca 10m Länge gewarnt.

Zwei Seemeilen südlich von Brockdorf liegt die erste weisse spitze Tonne No. **16** an dem Nordende der Glückstädter-Bank. Schiffe, die nach Glückstadt wollen, halten von Brockdorf an weiter unter Land und lassen die nördlichste Tonne des Glückstädter Fahrwassers, eine schwarz- und weiss karrirte stumpfe Tonne mit birnenartigem Toppzeichen, an St. B.; die letztere liegt Ost ca 2 Kblg von der weissen spitzen Tonne No. 16, und erstreckt sich zwischen diesen beiden Tonnen das Nordende der Glückstädter Bank noch ca 3 Kblg weit in einer Tiefe unter 4m hinaus. Nach Glückstadt weiter aufwärts bleiben zunächst an B. B die Stör-Tonnen, drei an Zahl, welche die Einfahrt in die Stör kennzeichnen. Kleinere Fahrzeuge können in der Stör bis Borsfleth gelangen.

Störort. Als Einsegelungsmarke in die Stör dient der am linken Ufer dieses Flüsschens hinter dem Deich stehende kleine Leuchtthurm bei Störort. Derselbe steht in:

$$53°\ 49'\ 30''\ \text{N-Br}$$
$$9°\ 24'\ 6''\ \text{O-Lg},$$

er ist rund, weiss, aus Eisen und 5,6m hoch, erhebt sich jedoch nur 1,4m über die Deichkrone. Auf ihm brennt in 7m Höhe über Hochwasser ein weisses festes Feuer von 6 Sm Sichtweite, welches aber nur zwischen den Peilungen OzN über Ost, Süd bis WzS sichtbar ist.

Im Glückstädter Fahrwasser bleiben demnächst an St. B., die Ostseite der Glückstädter Bank kennzeichnend, eine schwarz- und weiss karrirte stumpfe Tonne ohne Toppzeichen. Ferner unter Land an B. B. eine weisse stumpfe Tonne und zuletzt an St. B. wieder eine schwarz- und weiss karrirte stumpfe Tonne an dem Ostrande der Bank. Dicht unter dem Glückstädter Hafen liegt eine Mooringsboje.

Glückstadt-Leuchtfeuer. Auf dem Nordmolenkopf des Glückstädter Hafens steht in:

$$53°\ 47'\ 15''\ \text{N-Br}$$
$$9°\ 24'\ 32''\ \text{O-Lg}$$

ein 8,4m hoher weisser eiserner Thurm mit schwarzer Kuppe, auf einem Granitunterbau. Von demselben brennt in 9,3m Höhe über Hochwasser ein weiss- und rothes festes Feuer, und zwar erscheint dasselbe roth zwischen den Peilungen NOzO über Ost, Süd, West, bis WNW^2/$_3$W auf ca 6 Sm Sichtweite, und in den übrigen Richtungen weiss auf ca 10 Sm Sichtweite. Von Hamburg aus, die Elbe abwärts segelnd, darf man nicht nicht direkt auf Glückstadt zu halten, wenn dieser Ort querab ist, da hier die Glückstädter-Bank, welche sich mit sehr geringen Tiefen bis zum östlichen Ufer bei Bielenbruch hinzieht, den Eingang sperrt, und müssen die Schiffe deshalb um das Nordende der Bank herum steuern.

Von Brockdorf die Elbe im Hauptfahrwasser weiter stromaufwärts, steuert man von der weissen Spitztonne No. 16 in SzO auf die nächste weisse stumpfe Tonne No. **15** zu. Die letztere liegt 1,3 Sm oberhalb Glückstadt, ebenfalls an der Westseite der Glückstädter-Bank und von der ersten Tonne No. 16 4,3 Sm entfernt. Der Tonne No. 15 gegenüber bleibt an St. B. die erste schwarze stumpfe Tonne No. **23**; dieselbe liegt 0,6 Sm von der weissen Tonne No. 15. Im Winter wird des Eisgangs halber die Tonne No. 23 gegen eine einfache Treibbake mit Stock als Toppzeichen umgetauscht.

Ungefähr 0,7 Sm von der weissen stumpfen Tonne No. 15 in der Richtung auf Elsflether Steindeich-Leuchtfeuer zu wird an B. B. ferner die das Südende der Glückstädter-Bank kennzeichnende sogenannte Kartoffel-Tonne passirt. Dieselbe ist stumpf, schwarz- und weiss karrirt, mit einem kleinen Besen als Toppzeichen. Das Fahrwasser ist hier breit und rein bis nach Kraut-Sand hinüber und behält auch die Breite bis querab vom Elsflether Steindeich.

Colmar-Leuchtfeuer. Das kleine Leuchtfeuer von Colmar auf dem Elsflether Steindeich steht in:

$$53°\ 44'\ 5''\ \text{N-Br}$$
$$9°\ 27'\ 33''\ \text{O-Lg}$$

und ist ein weisses festes Feuer von ca 3 Sm Sichtweite; dasselbe brennt in 9,2 m Höhe auf einem weissen Pfahl, der 4 m hoch auf dem Aussendeich steht, und bescheint das ganze Fahrwasser.

Von Colmar-Feuer steuert man auf das Feuerschiff „Krautsand" und von da auf Pagensand-Bake zu. Nachts kommt, nachdem das Colmar-Feuer etwa 2 Striche achterlicher als dwars gebracht ist, ungefähr zwischen der schwarzen Tonne No. **18** und der weissen Tonne No. 13/14 das untere Licht der Pagensand-Leuchtbake zum Vorschein (siehe unten). Man steuert dann gerade auf dieses Licht zu, und bleiben dabei das Krautsand-Feuerschiff, sowie die schwarzen Tonnen No. **20, 19** und **17** an St. B., die weissen Tonnen No. **13/14** und **13** an B. B. Die beiden letzteren Tonnen begrenzen die Südseite des Colmar-Sand, die drei ersteren schwarzen Tonnen die Nordseite des Schwarztonnen-Sand.

Krautsand-Feuerschiff. Das Feuerschiff „Krautsand" ist einmastig, roth gestrichen und führt in weissen Buchstaben den Namen „Krautsand" auf beiden Seiten, im Topp eine schwarze Kugel aus Flechtwerk.

Das weisse feste Feuer brennt in 12,4 m Höhe und ist ca 5 Sm weit sichtbar.

Das Feuerschiff muss beim Segeln stromaufwärts an St. B. gelassen werden; bei nebeligem Wetter wird an Bord desselben ein Gong geschlagen.

Für kleine Fahrzeuge ist noch eine andere Passage südlich vom Schwarztonnen-Sand, jedoch ändert dieselbe zu sehr und wird aus diesem Grunde von einer Beschreibung ganz abgesehen.

Pagensand-Leuchtfeuer. Die Leuchtbake von Pagensand, an der Nordseite der gleichnamigen Bank, ist ein viereckiger, weisser, hölzerner Thurm mit schwarzer Kuppe, in:

53° 42′ 20″ N-Br
9° 30′ 6″ O-Lg.

Der Thurm ist 14,3 m hoch, und brennt in demselben bei Nacht in 11,1 m Höhe über Hochwasser ein weiss- und rothes festes Feuer von ca 5 Sm Sichtweite. Das Feuer bescheint das ganze Fahrwasser — zwischen dem Feuerschiff „Krautsand" und der schwarzen Tonne No. 15/16 erscheint es roth. Ausserdem brennt in demselben Thurm — 5,7 m unterhalb des ebengenannten Feuers — ein zweites weisses Feuer von gleicher Lichtstärke, welches aber nur im Winkel zwischen den weissen Tonnen No. 13 und No. 13/14 und der schwarzen Tonne No. 17 bescheint.

Ist Pagensand-Leuchtbake passirt, so steure man, die in der Nähe der Bake liegende weisse Tonne B an B. B. lassend, direkt auf Brunshausen zu.

Brunshausen-Leuchtfeuer. Bei dem Hafen Brunshausen, am Ausflusse der Schwinge, steht in:

53° 38′ 20″ N-Br
9° 31′ 45″ O-Lg

ein massives Haus, von 11,5 m Höhe, an dessen östlichem Ende ein Leuchtapparat, 7,2 m über Hochwasser, angebracht ist. Das weisse feste Feuer desselben leuchtet bei klarer Luft 9 Sm weit.

Auf dem Kurse von Pagen-Sand nach Brunshausen bleiben an St. B. folgende Tonnen:

die schwarze stumpfe Tonne No. **16**, demnächst die schwarze stumpfe Tonne No. **15/16**, welche jetzt in Stelle des früheren Feuerschiffes „Grauerort" ausgelegt ist; ferner schwarze stumpfe Tonne No. **15** und 1,7 Sm weiter südlich die Treibbake No. **14**, von welcher Brunshausen noch 2,1 Sm entfernt ist.

An B. B. bleiben zunächst die weissen Tonnen **B** und **A**; diese Tonnen kennzeichnen die Westseite des Pagen-Sand, an welchem Sande südlich der Sand „der hungrige Wolf" liegt. Zwischen beiden Sänden erstreckt sich noch ein Ausläufer derselben bis nahe an das Fahrwasser heran, jedoch bleibt das letztere tief bis an diesen Ausläufer. Der hungrige Wolf ist ein niedriger Sand, und bleibt nur das südliche Ende desselben, Rohr und hohes Gras, bei Hochwasser über Wasser. Querab von der südlichen Spitze des hungrigen Wolf liegt die Treibbake No. **9**, welche als einfacher weisser Stock ohne Toppzeichen erscheint; dieselbe ist selbstredend an B. B. zu lassen. Der schwarzen Treibbake No. 14 gegenüber liegt die weisse spitze Tonne No. **8**. Zwischen dieser und der gegenüber von Brunshausen liegenden Deviationsboje hat sich an der Ostseite des Fahrwassers ein neuer Sand gebildet; da jedoch an der Westseite das Fahrwasser bis an den Stader-Sand heran rein und tief ist, hat der an der Ostseite aufgeworfene Sand noch nichts zu bedeuten.

Wählt man vom Colmar-Feuer die früher erwähnte Passage südlich von Schwarztonnen-Sand, so halte man von dort Kurs zwischen der Schwarztonnen-Sand-Bake an St. B. und der weissen stumpfen Tonne No. 12 an B. B.

Schwarztonnen-Sand-Bake. Die Schwarztonnen-Sand-Bake steht auf der SO-Seite des gleichnamigen Sandes, in:

$$53°\ 42'\ 26''\ \text{N-Br}$$
$$9°\ 28'\ 37''\ \text{O-Lg}.$$

Dieselbe ist aus Holz gebaut, 16,5m hoch und hat die Form einer geschliffenen Karaffe mit Stöpsel. Die Verlattung beginnt 1,8m über dem Erdboden und reicht in Pyramidenform bis zu 10,6m Höhe. Von da ab ist ein 4,1m hohes dicht verlattetes Toppzeichen aufgesetzt.

Der Schwarztonnen-Sand fällt an seiner Südseite ganz steil ab; S. M. Kbt. „Drache" passirte denselben, dicht am Sande segelnd, auf 40m Abstand an St. B. An B. B. bleiben in diesem Fahrwasser die weisse stumpfe Tonne No. **12**, querüber der Bake, die Treibbake No. **11/12** mit Stock und Lappen, und die weisse stumpfe Tonne No. **11**. Von der letzten Tonne an ändert der Kurs ein wenig nach Osten, etwa SSO, und steuert man nun, die weisse Treibbake No. **10** mit Stock und Lederlappen an B. B. und später schwarze stumpfe Tonne No. 15 an St. B. lassend, hinter der letzteren wieder in das direkt auf Brunshausen zu führende Fahrwasser hinein.

Vor Brunshausen ist eine gegen alle Winde geschützte Rhede und dicht unter Land überall guter Ankergrund. Die Wassertiefen betragen zwischen 8 und 14m, der Grund ist feiner grauer Sand mit schwarzen Steinchen.

Von Brunshausen führen die Elbe aufwärts wiederum zwei Fahrwasser bis zur Lühe-Bake, von denen das eine unter dem östlichen Ufer von Juels-Sand und Breckwoldt-Sand, das andere unter dem westlichen Ufer von Twielenfleth und dem Lüher-Sand entlang geht.

Juel-Leuchtfeuerbake steht auf der NW-Spitze des gleichnamigen Sandes, in:

$$53°\ 37'\ 19''\ \text{N-Br}$$
$$9°\ 33'\ 20''\ \text{O-Lg}.$$

Die Bake hat die Form wie die Leuchtbake bei Altenbruch und Pagen-Sand. Ein weisses festes Feuer brennt in 8,6m über Hochwasser, sichtbar zwischen dem Schwarztonnen-Sand und der Lühe-Leuchtbake auf ca 6 Sm Entfernung.

Lühe-Leuchtfeuerbake steht auf dem Westufer des Flusses Lühe, in:

$$53°\ 34'\ 20''\ \text{N-Br}$$
$$9°\ 37'\ 53''\ \text{O-Lg}.$$

Die Bake ist 4,6m hoch, in der Form wie die Juel-Leuchtbake.

Ein weisses und rothes festes Feuer brennt in 8m über Hochwasser mit ca 5 Sm Sichtweite, den ganzen Horizont beleuchtend, jedoch nur roth in der Richtung zwischen den weissen Tonnen No. 3 und No. 4.

Wählt man von Brunshausen die Elbe aufwärts den zuerst angeführten Weg unter dem östlichen Ufer — und dies geschieht Nachts in der Regel — so ist die Juel-Leuchtfeuerbake direkt anzusteuern, demnächst halte man bis zur schwarzen Tonne **A** dicht unter Land und steure dann auf Lühe-Leuchtbake zu. Tonnen werden auf diesem Kurse bis zur Tonne A nicht passirt, und das Fahrwasser unter Juels-Sand ist bis auf die ganz kurz heraustretenden Stacks vollständig rein. Das zwischen Juel und Breckwoldt, dem ersten Hof zunächst gelegene Stack, steht allerdings etwas weiter heraus, wie die übrigen, ist jedoch auch leicht zu vermeiden. Ausser Tonne A, welche 1,5 Sm von Juel-Leuchtfeuerbake entfernt ist, bleibt auf dem Wege von dieser Bake bis zur Lühe-Leuchtbake an St. B. die weisse spitze Tonne No. **5** und die schwarze stumpfe Tonne No. **11**; und an B. B. die weisse spitze Tonne No. **4**, welche nur 6 Kblg von Lühe liegt.

Bei der weissen spitzen Tonne No. 5 mündet das zweite Fahrwasser, welches sich unter dem westlichen Ufer entlang zieht, in das eben beschriebene hinein.

Will man dieses benutzen, so steure man von Brunshausen ab zunächst Süd weiter, bis 1,3 Sm von Brunshausen die weisse spitze Tonne No. 7 an B. B. passirt ist. Oestlich der Tonnen No. 7, No. 6 und No. 5 erstreckt sich zwischen den beiden Fahrrinnen eine ganz schmale Bank, auf welcher bei Niedrigwasser ungefähr nur 1 m Wasser bleibt.

Diese Bank ist noch durch eine schwarze Treibbake mit Stock und Besen gekennzeichnet, welche in der Nähe der weissen Tonne No. 7 liegt und gleich wie diese an B. B. zu lassen ist. Die erwähnte Bank steigt in dem westlichen Fahrwasser allmählich an, während sie im östlichen Fahrwasser, namentlich im nördlichen Theil, steil abfällt.

An St. B. bleiben in dem westlichen Fahrwasser die schwarze stumpfe Tonne No. 13, unter Twielenfleth, die schwarze stumpfe Tonne No. 12, gerade gegenüber der weissen Tonne No. 5, und schliesslich die schwarze stumpfe Tonne No. 11, welche vor dem bei Niedrigwasser trocken fallenden „Kahle-Sand" liegt; von hier aus kann man direkt auf Lühe-Leuchtbake zu halten.

Das Fahrwasser wird unter Lühe ziemlich eng und muss man sich hier vorsehen, nicht östlich der weissen Tonnen No. 3 und 4 zu kommen.

Schulau-Feuerschiff liegt nördlich vom „Hanskalb-Sand"; es ist ein einmastiges, rothes Schiff mit dem Namen „Schulau" in weissen Buchstaben an beiden Seiten und trägt eine schwarze Kugel aus Flechtwerk im Topp.

In 11,4 m über Wasser brennt ein ca 5 Sm weit nach allen Richtungen hin sichtbares weisses festes Feuer; bei nebeligem Wetter wird ein Gong geschlagen.

Das Feuerschiff muss beim Segeln stromaufwärts an St. B. bleiben.

Schulau-Leuchtbake ist ein 12,2 m hoher, viereckiger, weisser, hölzerner Thurm mit schwarzer Kuppe; die Bake steht in:
53° 34′ 7″ N-Br
9° 42′ 14″ O-Lg.

Auf demselben brennen zwei Feuer:

1. ein weisses festes Feuer in 11,6 m Höhe ca 5 Sm weit aus allen Richtungen sichtbar,

2. ein rothes festes Feuer in 7,8 m Höhe ca 3 Sm weit sichtbar, aber nur zwischen der weissen Tonne No. 2 und der schwarzen Tonne No. 8.

Von Lühe-Leuchtbake an steuert man direkt auf das Feuerschiff „Schulau" zu, und von diesem wieder auf Schulau-Leuchtbake, letztere einen Strich an B. B.-Bug haltend, bis das untere rothe Feuer zum Vorschein kommt; dieses ändert seinen Schein in weiss, so wie man zu nördlich über die weisse Tonne No. 2 hinaus und ebenso, sobald man zu südlich über die schwarze Tonne No. 8 hinaus geräth.

Auf dem ersten Kurse nach Schulau-Feuerschiff zu bleibt die weisse stumpfe Tonne No. 3 an B. B., und passirt man da ab bis zum Feuerschiff in einer Distanz von ca 0,5 Sm die flachste Stelle der ganzen Elbe; hier bleiben im Hauptfahrwasser bei Niedrigwasser nur 3,1 m Wasser stehen.

Vom Feuerschiff aus bleibt die weisse spitze Tonne No. 2, welche 6 Kblg von Schulau-Leuchtbake entfernt liegt, an B. B. und die schwarze stumpfe Tonne No. 8 (3 Kblg von der Schulau-Bake entfernt) an St. B. Südlich der Tonne No. 8 wird das Fahrwasser sofort ganz flach, und muss man des Nachts gut in dem rothen Sektor des Schulau-Feuer bleiben. Bei Schulau selbst ist es verhältnissmässig tief bis dicht an Land; eine kleine Landungsbrücke, Süd von der Leuchtbake, kennzeichnet bei Tage den Ort ganz genau.

Von der Schulau-Leuchtbake an bleibt es, wenn man aufwärts segelt, an B. B.-Seite tief, bis nahe an das Ufer, und ist deshalb am besten mit OSO-Kurs diese Seite zu halten. Tonnen liegen nur an der St. B.-Seite, und zwar die nächste schwarze stumpfe Tonne No. 7 schon 0,7 Sm von Schulau entfernt; dieselbe kennzeichnet den trocken fallenden Steert des Schwein-Sand. Denselben Kurs weiter steuernd passirt man 1 Sm weiter an St. B. die schwarze stumpfe Tonne No. 6, dann eine Treibbake und querab vom Tafelberg die schwarze stumpfe Tonne No. 5. Dicht hinter diesen schwarzen Tonnen erstrecken sich ganz flach die Ausläufer des Schwein-Sand, und thut man daher immer besser, sich näher dem Lande wie den schwarzen Tonnen zu halten. Der Kurs SOzO½O, dicht unter Land weiter, führt bei Blankenese vorbei, wobei an St. B. weiter die schwarzen stumpfen Tonnen No. **4** und No. **3** gelassen werden. Westlich der Tonne No. 3 liegen die rothen stumpfen Tonnen des nach Buxtehude führenden Fahrwassers. Bei dem obigen Kurs, dicht unter Land weiter steuernd, bleibt querab von Nienstedten die schwarze stumpfe Tonne No. **2** an St. B.; südlich dicht an diese Tonne heran erstreckt sich der Nienstedten-Sand. An der Landseite ist Acht zu geben auf einen unmittelbar unter dem Godefroy'schen Schlosse, nur 100 m von Land ab liegenden grossen Stein, dessen Lage augenblicklich durch eine kleine Treibbake gekennzeichnet ist; der mächtige Stein liegt tief im Grunde, kann nicht gehoben werden, und schon mehrere Dampfer haben sich dort leck gerannt. Querab von der Teufelsbrücke führt der Kurs SOzO^1/$_4$O auf die Finkenwärder-Leuchtbake zu, wobei die Königs-Bake vorher an St. B. bleibt.

Die Königs-Bake, die westlichste der beiden Finkenwärder-Baken auf den Finkenwärder-Schallen, ist ein schwarzer Mast, von Stangen gehalten, der als Toppzeichen eine schwarze Kugel aus Lattenwerk trägt. Die Höhe des Mastes ist 9,2 m über Hochwasser, der Durchmesser der Kugel 4 m, so dass die ganze Höhe der Bake 13,2 m beträgt.

Oestliche Finkenwärder-Bake steht an der Nordseite des Parks und hat dieselbe Form wie die Königs-Bake.

Finkenwärder-Leuchtbake. Die 12,6 m hohe, viereckige, weisse hölzerne Bake, mit schwarzer Kuppe, steht zwischen den beiden eben beschriebenen Baken, in:

53° 32′ 16″ N-Br
9° 53′ 19″ O-Lg.

Der einzige Unterschied zwischen dieser Leuchtbake und den übrigen Leuchtbaken auf der Elbe besteht darin, dass sie oben statt der einfachen Kugel eine Verzierung trägt. In 9,2 m Höhe brennt ein rothes festes Feuer, nach allen Richtungen des Fahrwassers ca 4 Sm weit sichtbar.

Auf dem vorhin gegebenen Kurse querab von der Teufelsbrücke nach der Finkenwärder-Leuchtbake zu (SOzO^1/$_4$O) bleibt, nachdem die Königs-Bake passirt ist, an B. B. die weisse stumpfe Tonne No. **1** mit schwarzem Boden und einem Ballon als Toppzeichen. In nordöstlicher Richtung von derselben bleiben bei Niedrigwasser nur 2 m Wasser stehen. Sobald die Finkenwärder-Leuchtbake querab peilt, ist der Kurs O^1/$_2$S auf den Michaelis-Kirchthurm zuzunehmen. An B. B. bleiben dabei eine weisse Tonne und gleich darauf zwei kleine roth- und weiss vertikal gestreifte Tonnen, welche die Grenzen angeben, von denen östlich alle Fahrzeuge zu ankern haben. Sobald die östliche Finkenwärder-Bake an St. B. passirt ist, ist der Kurs O^3/$_4$N auf den Neumühlener Kai zu nehmen, dicht unter Land entlang, da es hier tief bleibt. Vom Neumühlener Kai geht der alte Kurs O^3/$_4$S weiter nach St. Pauli zu, wobei querab von Ottensen die stumpfen Tonnen in der Mündung des Köhlbrand an St. B. bleiben und ebenso das kleine, auf einem Laternenpfahl von 5 m Höhe angebrachte rothe feste Feuer von Tollen-Ort. Dasselbe steht am Eingang des Köhlbrand, gegenüber von Altona, und leuchtet ca 2 Sm weit nach allen Richtungen hin.

Im Hafen von Hamburg haben die Schiffe nach Anweisung der Lootsen bezw. der Hafenbeamten an den in grosser Zahl vorhandenen Festmachpfählen festzumachen oder im Strome zu ankern.

Die Einläufe zwischen Elbe und Eider.

Nördlich von der Elbe münden bis zur Eider hinauf noch drei Fahrwasser in die Nordsee: die Norder-Elbe, die Süder-Piep und die Norder-Piep, welche aber alle drei für den grösseren Seehandel keine eigentlichen Verkehrsstrassen bilden. Der Grund hierfür liegt darin, dass keine grösseren Häfen an diesen Fahrwassern sich befinden.

Für alle drei Einläufe gilt als allgemeine Regel, dass beim Einsegeln stets die schwarzen Tonnen an St. B., weisse Tonnen an B. B. gehalten werden. In Bezug auf die Form der Tonnen lässt sich, um danach die resp. Seiten zu halten, eine Regel nicht aufstellen, und bleibt nur die Farbe massgebend.

Norder-Elbe. Das der Elbe zunächst gelegene dieser drei Fahrwasser ist die Norder-Elbe. Dieselbe mündet zwischen den nach Westen sich erstreckenden Ausläufern des Grossen Vogelsand und dem ebenfalls nach Westen sich hinziehenden Steert des Trieschen-Sand, welcher letztere sich bis zur Ansegelungstonne der Süder-Piep erstreckt. Die Norder-Elbe führt durch das Grosse Puten-Gat in das Klotzenloch. Da in dem Einlaufe in die Norder-Elbe keine Tonnen liegen, die Betonnung dieses Fahrwassers vielmehr erst in seinem weiteren Verlauf in der sogenannten Falschen Tiefe beginnt, so ist bei der Ansegelung zunächst die auf dem Trieschen-Sande errichtete Böschsand-Bake in $O^1/_2 S$ zu bringen und dann auf dieselbe zuzusteuern. Ungefähr 4 Sm westlich der Bake, wenn nicht schon früher, kommt auf diesem Kurse die vor der Falschen Tiefe ausliegende Ansegelungstonne in Sicht, welche man an St. B. lässt; demnächst ändere man seinen Kurs südlich und halte sich beim Weitersteuern auf die Bake, in der Mitte zwischen den schwarzen und weissen Tonnen.

Die Böschsand-Bake, auf dem Nordende des Trieschen-Sand 1871 neu erbaut, ist aus Holz, oben mit einem abgestumpften Kegel aus Flechtwerk und darüber eine Kugel. Das ganze Gebäude ist 16 m hoch, schwarz getheert und liegt der Fusspunkt bei Niedrigwasser 3,8 m hoch über Wasser. Die genaue Position dieser Bake ist:

54° 4′ 28″ N-Br
8° 37′ 55″ O-Lg.

Die Ansegelungstonne der Falschen Tiefe ist eine schwarze stumpfe Tonne mit schwarzer Stange und einem Ballon aus Korbgeflecht. Auf diesem Ballon steht in weissen Buchstaben der Name „Falsche Tiefe". Die Tonne liegt in 10 m Wasser $W^3/_4S$ 3,2 Sm von der Böschsand-Bake entfernt.

Ausser dieser Ansegelungstonne liegen noch in der Falschen Tiefe einsegelnd an St. B. die vier schwarzen stumpfen Tonnen No. I, II, III und IV.

No. **I** hat die Form wie die Ansegelungstonne, jedoch ohne Namen; sie liegt in 9,5 m Wasser $SWzW^1/_3W$ 3,5 Sm von der Böschsand-Bake.

Die Tonnen No. **II**, **III** und **IV** sind ohne weitere Abzeichen und liegen ca 2 Sm von einander entfernt, und zwar auf 11, 7 und bezw. 5 m Wassertiefe.

Einsegelnd an B. B. liegen die drei weissen Tonnen A, B und C.

Die Tonne **A** ist eine spitze Tonne; dieselbe liegt auf 10 m Wasser SSW ca 4 Sm von der Böschsand-Bake und Ost ca 0,7 Sm von der schwarzen stumpfen Tonne No. II.

Die Tonne **B** ist stumpf und liegt auf 6 m Wasser ca 1,3 Sm von Tonne A entfernt.

Die Tonne **C** ist wiederum spitz und liegt auf 5 m Wasser, ca 0,5 Sm OzN von der schwarzen Tonne No. IV.

Zwischen dieser Tonne C und der schwarzen Tonne No. IV führt der Kurs weiter durch das Grosse Puten-Gat in das Klotzenloch, welche beiden Fahrwasser durch Stechbaken gekennzeichnet sind. Geschützte Ankerplätze sind in der Norder-Elbe nicht vorhanden.

Die Süder-Piep, das mittelste der genannten drei Fahrwasser, ist tief, gut betonnt und hat mehrere geschützte Ankerplätze, und zwar gegen Nordwinde südlich der Mittel-Plate; gegen Ostwinde unter Büsum; gegen Südwinde von der Böschsand-Bake an bis nach Büsum und gegen Westwinde im Russenloch. Eine grosse hohe Ansegelungstonne, welche auf ca 4 Sm sichtbar ist, kennzeichnet den Eingang; die Wassertiefen betragen in diesem Fahrwasser bis Nord von der Böschsand-Bake stets über 10 m, und weiter im Russenloch resp. der Miele[1]) bis Büsum hin immer noch über 7 m.

Ausser der Böschsand-Bake dient zur Einsegelung die zur Norder-Piep gehörige Blauortsand-Bake. Dieselbe, auf der Südseite des Blauort-Sand, im Juni 1871, nach Beendigung des deutsch-französischen Krieges neu erbaut, musste bereits im Juli 1875 ca 300 m nach östlicher Richtung — in die jetzige Position — versetzt werden, da der Sand an jener Stelle abnahm. Die Bake besteht aus einem Grund- und vier Seitenständern, welche letztere sich kegelförmig nach

---

[1]) Russenloch heisst die Verlängerung der Süder-Piep östlich der Tonne No. XIIII; dasselbe vereinigt sich bei der Tonne K mit der Norder-Piep, und führt das Fahrwasser von hier an den Namen Miele.

oben vereinigen und in der oberen Hälfte mit Querlatten versehen sind. Als Toppzeichen ist ein 1,7 m im Kubik haltender Kasten aus Flechtwerk angebracht und misst die ganze Höhe der Bake 14,6 m. Sie ist ganz aus Holz gefertigt, schwarz getheert und führt eine Leiter vom Fuss aus in den oberen Kasten; an der Spitze ist eine Flaggleine eingeschoren. Die genaue Position dieser Bake ist:

$$54°\ 9'\ 40''\ \text{N-Br}$$
$$8°\ 42'\ 38''\ \text{O-Lg.}$$

Die Ansegelungstonne der Süder-Piep liegt vor dem westlichen Ausläufer des Trieschen-Sand in 12 m Wasser und wird von ihr aus das Elb-Feuerschiff No. I („Caspar") in SW¼W ca 6 Sm ab und die Böschsand-Bake in OSO ca 8 Sm ab gepeilt. Es ist eine hohe, spitze, gelbe Bakentonne, welche als Toppzeichen einen schwarzen Ballon mit dem weissen Namen „Süder-Piep" trägt. Der eigentliche Theil der Schwimmvorrichtung, der sogenannte Kessel, ist allerdings roth, jedoch so wenig über Wasser, dass er gegen das gelb gestrichene Lattenwerk, welches sich über dem Kessel als Spitztonne erhebt, ganz verschwindet. Ausser der Ansegelungstonne liegen in der Süder-Piep noch 14 schwarze und 9 weisse Tonnen, erstere durch weisse lateinische Zahlen von I—XIII, letztere durch schwarze lateinische Buchstaben von A—K gekennzeichnet. Von der Ansegelungstonne in Ost ca 1,5 Sm entfernt liegt auf 12 m Wasser ferner eine gelbe stumpfe Tonne mit dem Namen „Süder-Piep" in schwarzer Schrift, und 4 Kblg SOzS von dieser liegt ausserhalb des Fahrwassers eine grüne Wracktonne (Spierentonne mit grüner Stange und grünem Ballon) mit dem Namen „Wrack", auf 4 m Wassertiefe. Diese weit sichtbare Tonne darf nicht mit der Fahrwassertonne No. I verwechselt werden.

Beim Einsegeln in die Süder-Piep hält man sich bis zur Böschsand-Bake hin (also bis die schwarze Tonne No. **VI** passirt ist) der besseren Betonnung wegen am sichersten an der Südseite des Fahrwassers. Nachdem die Ansegelungstonne an St. B. passirt, ist zunächst 2,5 Sm lang der Kurs Ost zu steuern, bis die Tonne No. **I** sich 0,3 Sm weit achteraus befindet. Alsdann führt der Kurs OSO und zwar 5 Sm weiter, bis die Böschsand-Bake in SSO gepeilt wird und ist nun wieder etwas östlicher zu halten. Auf den beiden ersten Kursen bewegt man sich stets in einer Wassertiefe von über 10 m und werden an B. B.-Seite auf dieser Strecke nur die beiden weissen Spierentonnen **A** und **B** passirt, welche einen weissen Korb als Toppzeichen tragen. Hiervon liegt die erste querüber der schwarzen stumpfen Tonne No. **III**. Von dem letzten Wendepunkt liegen die Tonnen an beiden Seiten der Süder-Piep ziemlich nahe bei einander, so dass man zwischen diesen in der tiefen Rinne bequem entlang steuern kann. Zwischen den Tonnen No. **IX** und **X** biegt der Einlauf in das Flackstrom genannte Wattfahrwasser.

Von der schwarzen Tonne No. **XIII** an, welche der weissen Spierentonne **H** gegenüber liegt, ist die Wattgrenze an der Südseite durch Stechbaken gekennzeichnet. Allzu dicht dürfen die Schiffe jedoch nicht an diese Stechbaken herangehen, und hält man deshalb von der letzten schwarzen Tonne an besser die Mitte des Fahrwassers, zunächst auf die weisse spitze Tonne **J** zu. Bei diesem Kurse zeigt sich die Kirche von Büsum etwas an B. B. voraus.

Nachdem die 0,7 Sm von Tonne No. XIII liegende weisse Tonne J passirt ist, steuert man, die Büsum-Kirche ein wenig an St. B. voraushaltend, weiter durch das Russenloch und lässt dabei die 1,1 Sm von J liegende letzte weisse spitze Tonne **K** an B. B.

Diese Tonne K ist vor dem östlichen Ausläufer der Mittel-Plate in 10 m Wasser gelegt, und vereinigt sich bei derselben die Norder-Piep und das nach der Süder-Piep führende Russenloch.

Von Tonne K an steuert man, die Kirche von Büsum wieder ungefähr einen Strich an B. B. voraus haltend, auf die Rhede von Büsum zu; jedoch ist hierbei der in der Miele in der Richtung des Fahrwassers setzende Strom, welcher zuweilen eine Geschwindigkeit von 2—4 Sm erreicht, zu berücksichtigen.

Das weitere Fahrwasser nach Büsum ist durch Stechbaken gekennzeichnet. Der kleine Hafen von Büsum ist etwa 20 m breit und 200 m lang; er bietet sehr guten Schutz gegen Wind und Seegang, da er nur nach Süden zu offen ist. Der Verkehr in Büsum ist unbedeutend, nur der Fischhandel wird verhältnissmässig lebhaft betrieben.

Die Norder-Piep ist das nördlichste der zwischen Elbe und Eider nach Land zu durchführenden drei Fahrwasser. Vor diesem Fahrwasser, und zwar mehr wie 1 Sm West von der Ansegelungstonne desselben, liegt eine Barre, auf der bei Niedrigwasser nur 4 m Wasser bleiben. Diese Barre ist um so gefährlicher, als auf derselben schon bei nur mässigen Winden von NNE durch Nord, West bis SW — namentlich während der Ebbe — ziemlich hohe See steht.

Von der Ansegelungstonne an stromaufwärts nehmen die Tiefen in der Norder-Piep sehr schnell zu, und findet man von der ersten Tonne (A) an bis Büsum stets über 10 m Wasser. Beide Seiten des Fahrwassers — nördlich der Blauort-Sand, südlich der Tertius-Sand und die Mittel-Plate — fallen steil ab; und ist dies wohl die Folge des hier bedeutend stärker, als in der Süder-Piep laufenden Stromes. In der Norder-Piep sind gut geschützte Ankerplätze gegen Nordwind im ganzen Verlauf der Piep und gegen Südwinde dicht unter der Mittel-Plate.

Das einzige feste Seezeichen an der Norder-Piep, die Blauortsand-Bake, ist bereits bei der Süder-Piep erwähnt.

Die Ansegelungstonne der Norder-Piep ist eine schwarze Spierentonne mit schwarzem Ballon als Toppzeichen, welche letztere den Namen „Norder-Piep" trägt. Sie liegt WNW½W ca 7,0 Sm von der Blauortsand-Bake[1]) in 7,5 m Wasser.

Betonnt ist die Norder-Piep nur an ihrer Nordseite, und zwar liegen im Ganzen ausser der Ansegelungstonne nur noch vier weisse Tonnen, welche sämmtlich an B. B. zu lassen sind.

Es ist beim Aufwärtssegeln in diesem Fahrwasser am besten, immer die Nordseite desselben zu halten, wo man bis dicht an die Tonnen resp. im weiteren Verlauf bis dicht an die Stechbaken herangehen kann.

Sobald man von See aus die Ansegelungstonne der Norder-Piep in OSO peilt, halte man gerade darauf zu. Auf diesem Kurse werden die tiefsten Stellen der sich vor dem Fahrwasser hinziehenden Barre passirt. Fahrzeuge von über 3 m Tiefgang thun jedoch gut, das Passiren dieser Barre, so wie etwas See steht, nur bei Fluth zu unternehmen.

Nachdem die Ansegelungstonne an B. B. gelassen, steuert man einen halben Strich südlicher (SOzO½O) auf die 1 Sm weiter östlich liegende weisse Spierentonne **A** zu. Diese Tonne hat die Form wie die Ansegelungstonne, ist eben nur in der Farbe unterschieden, sie führt statt des Wortes Norder-Piep den schwarzen Buchstaben A an dem oberen Korb. Dieselbe liegt in 7,5 m Wasser.

Von dieser Tonne an ist der ursprüngliche Kurs OSO wieder aufzunehmen und bis kurz vor der Blauortsand-Bake beizubehalten. Man passirt hier weiter an B. B.:

Die weisse Spierentonne **B**, in der Form wie Tonne A, ca 1,5 Sm von letzterer in 6,3 m Wasser.

Ferner weisse stumpfe Tonne **C** mit einem Besen an einer kurzen Stange als Toppzeichen, 0,5 Sm von B, in 6,3 m Wasser,

und schliesslich die letzte Tonne: die weisse spitze Tonne **D**, ebenfalls mit einem Besen als Toppzeichen. Diese liegt 1,1 Sm von C, in 7,5 m Wassertiefe. Von hier ab ist die B. B.-Seite des Fahrwassers weiter durch Stechbaken gekennzeichnet, welche alle an der steil abfallenden Kante des Blauortsandes in Abständen von 1 bis 1,5 Kblg von einander stehen. Die erste dieser Stechbaken steht 0,7 Sm von der weissen Tonne D und ist kenntlich an den beiden Besen, welche unter dem oberen Buschwerk sich befinden. Kurz vor der Blauortsand-Bake ändert der Kurs wieder mehr nach Süden und führt SOzO bis auf die Rhede von Büsum.

Kreuzende Fahrzeuge dürfen sich dem an der Südseite des Fahrwassers gelegenen Tertius-Sand und der Mittel-Plate nicht zu sehr nähern, da diese Sände ebenso wie der an der entgegengesetzten Seite gelegene Blauort-Sand sehr steil abfallen, und, da an dieser Seite keine Seezeichen vorhanden sind, nur das fortwährend gebrauchte Loth Anhalt gewährt. So wie dasselbe unter 10 m Wasser angiebt, ist zu wenden, weil man sonst mit dem Bogen während des Drehens leicht bei dem sehr steil anlaufenden Sande festkommen kann.

---

[1]) Bei einigermassen klarem Wetter ist die Blauortsand-Bake von der Ansegelungstonne aus sichtbar.

Anhang.

Lage und Einrichtung der Zeitball-Stationen zu Bremerhaven, Cuxhaven und Hamburg.

No.	Ort des Zeitballs	Geographische Position		Höhe in Metern über		Zeitpunkt des Fallens	
		N-Br	O-Lg von Greenwich	Hochwasser	Erdboden	Mittlere Greenwich-Zeit	Mittlere Ortszeit
1	Bremerhaven 137 m westlich vom Leuchtthurm	53° 32′ 50,6″	8° 34′ 7,5″	39	37	h min sek 23 25 43,5 0 0 0,0	h min sek 0 0 0,0 0 34 16,5
2	Cuxhaven 80 m östlich vom Leuchtthurm	53° 52′ 24″	8° 42′ 30″	24	22	23 25 10,0 0 0 0,0	0 0 0,0 0 34 50,0
3	Hamburg am Kaiserkai	53° 32′ 32″	9° 58′ 57″	55	52	23 20 6,4 0 0 0,0	0 0 2,2 0 39 55,8

Die Höhe bezieht sich auf den aufgezogenen Ball. Der Zeitball in Hamburg fällt das erste Mal um 0^h 0′ 0,0″ mittl. Zeit der Hamburger Sternwarte. Der Zeitball ist von schwarzer Farbe und hat einen Durchmesser von 1,5 m. Seine Fallhöhe beträgt 3 m. Zehn Minuten vor jedem Zeitsignale wird der Ball auf halbe, und drei Minuten vor jedem Zeitsignale auf ganze Höhe gezogen.

Sollte der Ball nicht genau zu der bestimmten Zeit zum Falle gelangt sein, so wird innerhalb 3 Minuten (bei No. 3 innerhalb 5 Minuten) nach dem verfehlten Zeitballsignale ein 40 cm im Durchmesser haltender Ball von rother Farbe an einem der Drahtseile, welche zur Verstärkung der Befestigung des Gerüstes dienen, bis zur ganzen Höhe des Gerüstes auf die Dauer von 5 Minuten emporgezogen. Die Zeit, zu welcher der Ball gefallen ist, wird alsdann mittelst Anschlages am Zeitballgerüste oder in sonst geeigneter Weise bekannt gemacht. Ist der Ball überhaupt nicht gefallen, so wird der rothe Ball innerhalb 3 Minuten (bei No. 3 innerhalb 5 Minuten) nach der vorschriftsmässigen Signalzeit bis zur halben Höhe des Gerüstes emporgezogen und verbleibt in dieser Höhe, bis der Zeitball herabgelassen ist.

Sobald irgend eine Störung wahrgenommen wird, welche die Abgabe des nächsten vorschriftsmässigen Signals nicht gesichert erscheinen lässt, wird der rothe Ball bis zur halben Höhe des Gerüstes emporgezogen, und verbleibt in dieser Stellung, bis die Störungsursache soweit beseitigt ist, dass die Abgabe des vorschriftsmässigen Signals mit Sicherheit erwartet werden kann.

Hafenzeiten,

zusammengestellt von Dr. Börgen, Vorstand des Kaiserlichen Observatoriums zu Wilhelmshaven, nach den Untersuchungen vom Wasserbau-Inspektor Taaks zu Esens, dem Wasserbau-Inspektor Lenz zu Cuxhaven und den neuesten Pegelbeobachtungen S. M. Kbt. „Drache". [1]

Gebiet	Specieller Ort	Hafenzeit	Mittlere Dauer des Steigens	Mittlere Dauer des Fallens	Mittlerer Fluthwechsel Meter
		h min	h min	h min	
Nordsee	53° 56' N-Br, 6° 20' O-Lg	10 1	6 12	6 13	1,75
	53° 55' „ 6° 40' „	10 20	6 12	6 13	1,85
	53° 56' „ 7° 0' „	10 45	6 8	6 17	1,99
	54° 0' „ 7° 20' „	11 11	6 3	6 22	2,14
	54° 7' „ 7° 40' „	11 37	5 58	6 27	2,34
Ems	Leer, Stadtpegel	1 35	4 51	7 34	2,06
	Emden, Nesserlander Schleuse	0 26	5 37	6 48	2,78
	Borkum, SW-Hörn	11 0	6 0	6 25	2,16
	„ Hohe Hörn	11 14	5 56	6 29	2,19
Ostfriesische Inseln	Norderney-Rhede	11 32	6 5	6 20	2,36
	Baltrum-Rhede	11 37	6 11	6 14	2,44
	Westeraccummersiel-Hafen	11 57	5 16	7 9	1,80
	Langeoog-Rhede	11 42	6 10	6 15	2,49
	Spikeroog-Rhede	11 47	6 8	6 17	2,56
	Neuharlingersiel-Hafen	12 2	4 10	8 15	1,77
Inseln und Küste	Wangeroog alter Kirchthurm	11 41	—	—	2,51
	Wilhelmshaven-Einfahrt	0 52	6 13	6 12	3,48
	Friedrichs-Schleuse	12 12	3 37	8 48	1,19
Weser	Geestemünde-Einfahrt	1 26	5 17	7 8	3,30
	Brake	2 50	4 45	7 40	3,10
	Elsfleth	3 10	4 0	8 25	2,65
	Vegesack	3 50	3 30	8 55	1,33
Elbe	Helgoland	11 55	5 40	6 45	2,35
	Cuxhaven	0 49	5 34	6 51	2,82
	Brunsbüttel	1 53	5 19	7 6	2,78
	Glückstadt	2 52	5 19	7 6	2,92
	Brunshausen	3 51	5 8	7 17	2,82
	Lühe	4 11	5 1	7 24	2,75
	Hamburg	5 10	4 39	7 46	1,90
	Buntehaus	5 57	3 45	8 40	0,86
	Harburg-Schleuse	5 35	—	—	0,65
Eider	Tönning	1 31	5 17	7 8	2,48

[1] **Anmerkung.** Um Irrthümern vorzubeugen, wird hier zur Erläuterung hingefügt, dass obige Hafenzeiten diejenigen Uhrzeiten bedeuten, zu denen **am Tage** des Neu- und Vollmondes das erste Hochwasser nach der Mondculmination eintritt.